Balkonkästen

schön & vielseitig

> Autorin: **Wiebke Gajus** | Fotografen: **Friedrich Strauß und andere bekannte Gartenfotografen** | Illustrationen: **Heidi Janiček**

Inhalt

Balkonpraxis

Das 5-Stufen-Erfolgsprogramm

>> schön & vielseitig

2 Einkaufen

Hier erfahren Sie, auf welche Qualitätskriterien Sie beim Kauf von Pflanzen, Balkonkästen und Zubehör achten müssen.

1 Planen

Auch der kleine Balkongarten will gut geplant sein, wenn Sie von üppig blühenden Kästen träumen.

3 Gestalten

Auf kleinem Raum groß rauskommen: Balkonkästen bieten ganz unterschiedliche Gestaltungsmöglichkeiten – ganz nach Ihrem Geschmack.

4 Pflanzen

Ein paar Tricks und Kniffe erleichtern Ihren Pflanzen den Start im Balkonkasten und sorgen für gesundes Gedeihen.

5 Pflegen

An einem gut gepflegten Minigarten haben Sie lange Freude – die Pflanzen danken es Ihnen mit üppiger Blütenfülle.

Pflanzenporträts

TOP 20

Die beliebtesten und pflegeleichtesten Balkonpflanzen im Porträt

Pflanzentabellen

Anhang

➤ **GU Serviceseiten**

Balkonpraxis

Viel Gartenglück auf wenig Platz

Balkonkästen sind verlässliche Helfer, wenn es darum geht, Terrasse, Dachgarten oder Balkon in ein blühendes Paradies zu verwandeln. Die Vorteile liegen auf der Hand: Sie stellen Ihre Kästen auch auf kleinem Raum überall dort auf, wo Sie Lust und Laune auf viel Blütenpracht haben. Pflanzen im Balkonkasten können unabhängig von der Pflanzsaison neu kombiniert oder dann, wenn sie am schönsten sind, in den Vordergrund gestellt werden.

Mobile Gärten im Kübel sind auf kleinstem Raum vielseitig einsetzbar.

Planung gehört dazu

➤ Stellen Sie sich ruhig vorab kritisch der Frage: Wie viel Zeit möchte ich in meine Balkonkästen investieren? So unterschiedlich groß Ihr Interesse am Gärtnern ist, so unterschiedlich kann auch die Bepflanzung ausfallen. Pflegeleichte mehrjährige Arten werden sich daher in einem »So-viel-wie-nötig«-Kasten wiederfinden; während ein nach allen Regeln der Kunst umsorgter Kasten saisonal wechselnde Bepflanzungen zulässt.

➤ Überlegen Sie sich, welcher Stil zu Haus, Terrasse oder Garten passt. Ein sorgfältig ausgewähltes Gefäß (→ Seiten 8, 10) mit einer schönen Bepflanzung unterstreicht sogar Ihre persönliche Art des Wohnens.

➤ Außerdem sollten Sie sich ein paar Gedanken zum Platzangebot machen. Wie viele Kästen passen an die

Ziertabak, Salbei und Süßkartoffeln gehören zur Wechselbepflanzung.

Brüstung? Schmale oder gar runde Balkongeländer stellen hohe Anforderungen an die Standardmaße vieler Kästen.

Gefäße ins Licht gerückt

Wo Platz fehlt, sind Ideen gefragt. Für große Wirkung bei wenig Aufwand sorgen daher – neben den klassischen Balkonkästen – Ampeln und Hanging Baskets (→ Seite 32). Sie begnügen sich mit wenig Fußraum, erschließen aber freie Flächen in der Vertikalen, sorgen mitunter sogar für Sichtschutz. Balkonkästen müssen übrigens nicht nur an der Balustrade hängen. Rücken Sie Ihre Pflanzgefäße ins rechte Licht auf Mauern,

Fensterbänken oder an Hauseingängen. Das hebt die Enge am Boden auf und bringt Ihre Lieblinge auf Augenhöhe.

Alles ist möglich

Natürlich grenzt der beschränkte Lebensraum im Kasten die Auswahl der Pflanzen ein. Dennoch erleichtert eine konkrete Vorstellung die Entscheidung, ob Sie Saisonblüher, eine ausschließlich ganzjährige Bepflanzung oder beide Varianten wählen.

➤ Bei den **Zwiebel- und Knollenblumen** gibt es früh blühende Arten wie Tulpen und Narzissen, die weniger bekannten Sommer-Arten und natürlich Herbstblüher wie Dahlien und Alpenveilchen. Sie alle sind mehrjährig, aber nicht immer frostfest.

➤ Als **einjährige Pflanzen** gelten solche, die im gleichen Kalenderjahr ausgesät werden, wachsen, Samen bilden und wieder absterben. Zu ihnen zählen die meisten Sommerblumen wie Tagetes oder Zinnien. Aber auch die im März gepflanzten Gemüse, viele heimische Kräuter und das bekannte Heidekraut Erika sind typische Vertreter.

➤ **Zweijährige** überwintern einmal und sterben nach dem zweiten Sommer ab. Da die Überwinterung aber oft zu aufwendig ist, werden auch sie wie Einjährige gezogen, also im Herbst entsorgt.

➤ Unter die **mehrjährigen Pflanzen** fallen immergrüne Gehölze wie der Buchsbaum ebenso wie der winterharte Salbei, Stauden wie Lavendel oder auch die neuen »Herbstzauber«-Pflanzen, deren Sortiment meist aus Stauden, Gräsern und Kleinsträuchern besteht. ■

Mehrjährige Arten zieren den Balkonkasten über viele Jahre.

PRAXISINFO

Tipps für die Planung

Stellen Sie Ihre Auswahl für den Balkon sehr früh zusammen. Planen Sie dabei folgende Punkte ein:

- ✗ Möchten Sie auf Ihrem Balkon Gemüse pflanzen?
- ✗ Möchten Sie etwas Dauerhaftes oder lieber jedes Jahr etwas Neues ausprobieren?
- ✗ Welche Kombinationen verschiedener Pflanzenarten möchten Sie setzen?
- ✗ Können Sie Ihre vorhandenen Kästen mit neuen Gefäßen kombinieren?

Ein paar Vorüberlegungen

Bevor Sie sich ausgiebig mit Pflanzen und dem Balkongärtnern beschäftigen, ist es sinnvoll, einige Dinge fürs Erste zu planen.

Hübsche Gefäße finden überall einen Platz. Abgesehen vom Dekorationswert sollte vor allem der Standort den Ansprüchen der Pflanzen genügen. Machen Sie daher vorweg eine Bestandsaufnahme: Wo werden die Balkonkästen stehen? Wer einen sonnigen Balkon oder eine sonnige Terrasse in westlicher oder östlicher Lage besitzt, hat die größte Auswahl (→ Seite 18). Pralle Mittagssonne und einen nach Süden ausgerichteten, nicht überdachten Standort vertragen dagegen nur wenige Pflanzen. Beobachten Sie also, wie viele Stunden am Tag die Sonne auf die Kästen scheint. Ein Balkon zur Nordseite bietet nicht weniger attraktive Aussichten. Zwar sind es nicht mehr die Sommerblumen, die in hoher Vielzahl den Balkon schmücken, dafür treten Blätter und andere Schönheiten in den Vordergrund (→ Seite 18, 19).

Stabile Halterungen aus Eisen verankern den Balkonkasten sicher.

Bei Wind und Wetter

Gegen große Hitzewellen oder sintflutartige Regenfälle ist man natürlich nicht immer gefeit. An nicht überdachten Balkonen etwa und auf Terrassen kann ein regenreicher Sommer dem Blütenjahr ein vorzeitiges Ende bescheren. Neue Pflanzenzüchtungen mit verbesserten, regenfesten Eigenschaften ergänzen jedoch immer zahlreicher das Balkonblumen-Sortiment. Wenn Sie in einem regenreichen Gebiet wohnen, sollten Sie diese Arten bevorzugen oder Ihre Balkonkästen an einer möglichst geschützten Lage aufstellen.

Richtig gut befestigen

- Vermeiden Sie improvisierte Aufhängungen, die zur Folge haben, dass der Kasten schief hängt und ein durchdringendes Gießen beinahe unmöglich macht. Es gibt genügend Beispiele für handwerklich saubere Lösungen, z. B. stabile und verstellbare Halterungen aus Metall für alle gängigen Balkonkästen und -brüstungen. Bei manchen Kästen ist die Halterung bereits integriert. Auch Aufhängungen, nach Maß geschmiedet und aus einem Guss, nehmen den Kasten sicher hinter Gitter.
- Planen Sie zudem Platzregen oder orkanartige Sturmböen ein. Frei stehende Gefäße auf Mauervorsprüngen oder Fensterbänken sind windanfälliger als fest mon-

Zur Außenseite aufgehängte Kästen müssen gut befestigt werden.

tierte. Das Nachrüsten von durchdachten Haltesystemen – wie Arretierspangen zur Seitenstabilisierung oder Stellflächen, die direkt in das Balkongeländer integriert werden – erhöht die Sicherheit nachhaltig.

➤ Bedenken Sie außerdem, dass Kästen von mindestens 20 cm Breite mehr Erdvolumen fassen, das heißt, dass sich die Pflanzen besser ausbreiten können und auf diese Weise ebenfalls zur Stabilität beitragen. Sie können die Standfestigkeit auch dadurch erhöhen, dass Sie vor dem Bepflanzen groben Kies, Tonscherben oder Sand auf den Kastenboden legen.

Wichtig: Der Wasseranschluss

Auf dem sicheren Weg zu üppigen Balkonkästen spielt auch das Gießen eine große Rolle. Zartes Pflänzchen oder kräftiges Gehölz – es gibt inzwischen für jede Situation passende Gießhilfen, die sogar vor langen, umständlichen Schlauchwegen nicht mehr Halt machen. Voraussetzung ist stets ein Wasseranschluss in der Nähe der Balkonkästen. Je nach Standort und Anzahl der Gefäße sollten Sie einen individuellen und flexiblen Bewässerungshelfer haben (→ Seite 36). Von Behältern mit Wasserspeicher über Sensoren, die bei Trockenheit dünne Wasserleitungen öffnen, bis zur Zeitschaltuhr für die Bewässerung sind unterschiedliche Geräte verfügbar.

Ihr gutes Recht

Jeder Mieter darf seinen Wohnraum mit einer Außenbepflanzung verschönern – vorausgesetzt, die Rechte der Nachbarn oder des Hauseigentümers werden nicht beeinträchtigt. Das gilt vor allem bei baulichen Veränderungen. Also auch dann, wenn Sie Balkonkästen an der Wand anbringen. Prüfen Sie außerdem die Tragfähigkeit und Statik des Balkons, vor allem, wenn Sie besonders viele Balkonkästen aufstellen wollen. Und um keinen Nachbarschaftsstreit von der Brüstung zu brechen, vermeiden Sie auf Außenfensterbänken und Geländern, dass das Gießwasser den Nachbarn in den unteren Stockwerken in den Kaffee tropft. ■

CHECKLISTE

Vor dem Einkauf

- ✔ Hängt mein Balkonkasten im Halbschatten, Schatten oder in der Sonne? Beim Kauf ist es hilfreich, den Standort zu wissen.
- ✔ Was benötige ich an Befestigungsmaterial? Notieren Sie die Maße von Kästen, Brüstung, Stellflächen.
- ✔ Muss ich auf Balkon oder Terrasse etwas umgestalten? Klären Sie bauliche Veränderungen ab.
- ✔ Trägt mein Balkon die Lasten der Balkonkästen? Lassen Sie die Tragfähigkeit überprüfen.

Nur das Beste für den Start

Außer den Pflanzen entscheiden drei weitere Dinge über den Erfolg im Kasten: Substrat, Nährstoffe und Wasser. Der Grundstock wird allerdings mit dem richtigen Gefäß gelegt, das Ihnen einen Teil der Arbeit abnehmen und den Pflanzen über längere Durststrecken hinweghelfen sollte. Kunststoffkästen mit Wasserspeicher stellen sich diesen hohen Ansprüchen. Ihr Vorratstank versorgt die Wurzeln je nach Bedarf mit Wasser. Eine echte Alternative sind selbst gemachte Durstlöscher: Mit einem Mattenvlies, das Wasser speichert, erreichen Sie einen vergleichbar guten Effekt (→ Abb. unten, Seite 28).

Ein Mattenvlies speichert Wasser und gibt es bei Bedarf wieder ab – die preiswerte Alternative zum Wasserspeicherkasten.

Hauptsache viel Platz

Während sich beim Material viele Vor- und Nachteile aufführen lassen, gibt es bei den Maßen nur eine Regel zu beherzigen: Je größer das Volumen des Kastens, desto besser. Vorausgesetzt, Ihr Balkon lässt Ihnen die Möglichkeit, großzügig zu planen, tun Sie sich und Ihren Pflanzen mit einer Kastentiefe und -höhe von mindestens 20 cm einen großen Gefallen. Balkonkästen mit einem Wasserspeicher haben eine Tiefe von mindestens 25 cm; handelsübliche aus einfachem Kunststoff fallen hingegen schmaler aus. Ein zu kleines Gefäß ist rasch durchwurzelt, sodass die aufgebrauchten Nährstoffe durch erhöhte Düngergaben aufgefangen werden müssen.

Kleine Materialkunde

Von verzinktem Metall bis zu einem bunten Geflecht aus Kunststoff – die Auswahl an Balkonkästen ist riesig, sodass Sie das Zimmer im Freien nach Ihrem persönlichen Geschmack einrichten können. Auch für Blumenampeln gibt es zahlreiche Möglichkeiten (→ Seite 32). Zu den am häufigsten verwendeten Materia-

Bei Wasserspeicherkästen steigt der rote Schwimmer auf »Maximum«, sobald Wasser in den Tank gefüllt wird.

lien gehören nach wie vor Terrakotta und Kunststoff.

➤ Ein feuchter **Tonkasten** hält die Pflanzenwurzeln bei Hitze kühl, jedoch entzieht er ihnen – aufgrund seiner Porosität – bei zu langer Trockenheit die Feuchtigkeit. Pflanzen mit hohem Wasserbedarf müssen in Tonkästen daher häufiger gegossen werden. Nicht frostbeständige Terrakotta-Kästen müssen im Winter in isolierendes Material eingewickelt oder ins Haus geholt werden.

➤ Ein **Plastikkasten** schützt die Pflanzen zwar nicht vor dem Austrocknen, das Material ist aber weniger atmungsaktiv, d. h. die Erde bleibt länger feucht, und Wasser verdunstet weniger schnell. Sein großes Plus ist außerdem seine Winterhärte.

➤ Gefäße aus **Faserzement** sind leicht und stabil und relativ langlebig. Außerdem macht Frost ihnen nichts aus. Ihr Nachteil ist, wie übrigens bei Terrakotta auch, dass sie im Alter spröde werden und bei unsanfter Handhabung leicht splittern.

Substrat und Nährstoffe

Damit Ihre Pflanzen optimal wachsen, brauchen sie vor allem eins: eine gute, humusreiche Erde. Und die kann man fühlen – feinfaserig, luftig und handfeucht sind der Beweis für Qualität. Ein hochwertiges Substrat bietet den Pflanzen aber noch mehr: Seine Struktur bleibt stabil, sodass es beim Gießen nicht verdichtet, und es lässt genügend Luft an die Wurzeln, die alle Pflanzen zum Wachsen brauchen. Auch Dünger haben die Aufgabe, Pflanzen zu versorgen (→ Seite 36). Bei stark entwickelten Pflanzen und bei warmer Witterung werden die Nährstoffe zusätzlich durch das viele Gießen ausgeschwemmt – eine anhaltende Versorgung muss aber weiterhin gewährleistet sein. Deshalb müssen Erde und Dünger den Bedarf stark hungriger Pflanzen decken. ■

PRAXISINFO

Nützliches Zubehör

Gutes Werkzeug bietet nicht nur Schutz, es soll in erster Linie die Arbeit erleichtern:

- ✗ **Gartenschere** für den Pflanzenrückschnitt und zum Herausschneiden kranker Triebe und welker Blüten
- ✗ **Pflanzschaufel** für das Ein- bzw. Nachpflanzen
- ✗ Eine **Harke** zum Auflockern verkrusteter Erde
- ✗ **Stützstäbe und Kordel** zum Aufbinden kopflastiger Blütenköpfe
- ✗ **Nelkenringe** zum Befestigen langer Triebe
- ✗ Witterungsbeständige **Etiketten** aus Aluminium zum Beschriften der Pflanzen

Augen auf beim Pflanzenkauf

Ein kritischer Blick beim Pflanzenkauf lohnt auf jeden Fall. Greifen Sie nur nach den besten Pflanzen. In den Gartencentern, Baumärkten und im Pflanzenfachhandel gibt es speziell für saisonale Verkäufe zwei Hochzeiten: das Frühjahr und den Herbst. Jedoch dehnen sich diese Spitzenzeiten immer stärker in die Sommer- und Wintermonate aus. Es lohnt sich daher, beim Gärtner auf Schnuppertour zu gehen: Denn einer der größten Vorteile des mobilen Gartens ist es, dass Sie rund ums Jahr Pflanzen kaufen und setzen können.

Kräftige Pflanzen mit gut durchwachsenen, weißen Wurzeln garantieren einen gesunden Start in die Balkonsaison.

Mehrjährige Kastenbewohner

Die beste Anwachsgarantie für Stauden und Gehölze haben Sie im zeitigen Frühjahr und im Herbst. Dann sind die Pflanzen alle im besten Zustand, und ihre Wurzeln wachsen gut an. Stauden sehen anfangs immer etwas »traurig« aus. Das ändert sich, sobald die Pflanze eingesetzt wird. Ein Tipp für alle, die es gleich schön grün haben möchten: Attraktive Solitärstauden gibt es ab Mitte Juli in größeren Containern (Töpfen). Sie sind zwar teurer, aber dafür kräftiger im Aussehen, und sie haben sogar schon Blüten.

➤ Prüfen Sie bei Gehölzen Zweige und Äste. Regelmäßig zurückgeschnittene Pflanzen tragen nur junges Holz, alte

Pflanzen im Versand sollten einwandfrei beim Kunden ankommen.

und abgestorbene Triebe sollten nicht vorhanden sein. Eine gute Auswahl an Nadelgehölzen haben Sie ab September. Zu diesem Zeitpunkt sollten die Pflanzen frisch aussehen. Wenn Sie sie zudem am Schopf packen können, ohne dass sie mitsamt ihren Wurzeln »nackt« dasteht, ist die Ware einwandfrei.

Ein- und Zweijährige

Bereits im April werden die Sommerblumen angeboten.

➤ Kaufen Sie rechtzeitig und wenn das Angebot am größten ist. Den umstrittenen Eisheiligen (12.–15. Mai) misst man übrigens heute nicht mehr viel Bedeutung bei: In den letzten Jahren sind die Nachtfröste nicht mehr wie überliefert eingetroffen.

➤ Wählen Sie nur kräftige, frische Pflanzen aus. Diese erkennen Sie an einem gleichmäßigen Blattaufbau mit bis zu zwei Dritteln geöffneter Blüten. Ein reichlicher Knospenbesatz sollte außerdem zu erkennen sein.

➤ Nehmen Sie die Pflanzen vor dem Kauf ruhig aus ihren Töpfen und schauen Sie sich die Wurzeln genau an. Sind diese schön weiß und haben sie den Ballen gut durchwachsen, ohne einen Wurzelfilz ausgebildet zu haben, ist Ihre Wahl richtig.

Zwiebelblüher

Die beste Zeit für den Kauf von Frühlingszwiebeln sind August und September. Die Außenhülle der Zwiebeln sollte unbeschädigt und sauber sein; sie schützt vor dem Austrocknen. Kranke Zwiebeln können Sie am unangenehmen Geruch erkennen. Auch sollten Sie die Finger von solchen lassen, die durch fehlende Feuchtigkeit vertrocknet sind. Sie kommen nicht mehr zum Blühen.

Pflanze per Paket

Beim Kauf per Katalog lockt mitunter der Preis mit Mengenrabatten, und eine kurze Übersicht nennt Ihnen die wichtigsten Kriterien. Blütenform und -farbe sehen Sie jedoch – anders als bei der Fertigware im Gartencenter – zuerst einmal nur in der Beschreibung, denn die Ware, die verschickt wird, muss erst noch wachsen. Hier ist also etwas mehr gärtnerisches Zutun nötig, wenn es in Ihrem Kasten recht bald üppig blühen soll. ■

PRAXISINFO

Nach dem Einkauf

Wenn Sie sich nicht gleich um Ihre neu erworbenen Pflanzen kümmern können, helfen folgende Tricks für die nötigste Erstversorgung:

✗ Entfernen Sie umgehend die Verpackung wie Folie, Netze oder Papierbögen.

✗ Stellen Sie die Pflanzen an einem hellen und luftigen, aber nicht zu sonnigen Platz auf.

✗ Eine mit nur wenig Wasser gefüllte Kiste sorgt dafür, dass die Neulinge bis zum Einpflanzen nicht verdursten.

✗ Schützen Sie im Falle plötzlich auftretender Nachtfröste Ihre Pflanzen rasch mit einem bereitgelegten Vlies.

>>Deko-Spezial

Gemütlichkeit dreimal anders

Denken Sie bereits vor dem Bepflanzen daran, dass Balkonkästen und Zubehör aufeinander abgestimmt werden sollten.

Zu fast jeder Stilrichtung gibt es die passenden Accessoires.

➤ **Das passt zum Country-Stil:** Korbgeflecht-, Terrakotta- oder Holzgefäße aus hochwertigem Material sind entscheidende Merkmale, mit denen Sie den modernen Landhausstil im Kasten umsetzen. Klinker-Terrassen oder -Hauswände und Sitzmöbel aus Teakholz harmonieren gut zu heiteren und vor allem traditionellen Blütenpflanzen.

➤ **Die moderne Variante:** Klare Formen, einfache Materialien wie Fiberglas, Edelstahl, transparenter Kunststoff oder farbig lasierte Keramik schmeicheln ausschweifenden Bepflanzungen. Ein schönes Terrassentrio ergibt sich außerdem mit puristischen Möbeln in reduzierten Farben und mit einem Bodenbelag aus Kies oder Bangkirai-Holz.

➤ **Und so wird es romantisch!** Zarte, pastellfarbene Blüten und verspielte Accessoires – das sind die besten Zutaten für einen romantischen Lieblingsplatz. Mit verschnörkelten Eisenhalterungen für die Kästen, Etageren oder Rankgittern aus Schmiedeeisen und filigranen Kaffeehaus-Stühlen bringen Sie ein Stück Extravaganz ins Spiel.

Rosen im Terrakottagefäß repräsentieren den Landhausstil auf die charmante Art. Dabei wird natürlich aus dem Vollen geschöpft: Drei Rosen blühen dicht an dicht in einem 40-cm-Kasten.

Modern: Ein Blütenmeer aus Stiefmütterchen, Tausendschönchen und Bergenien umrahmt in schlichten Gefäßen aus Zink den Sitzplatz.

Puristisch: Strukturpflanzen wie Funkie und Süßkartoffel schaffen einen Gegensatz zu zurückhaltenden Blüten in Weiß. So beschränkt sich alles aufs Wesentliche.

Romantisch: Zarte, erfrischende Blüten in Weiß und Gelb, filigrane Gräser und eine warme Holzgarnitur laden zum Sitzen, Träumen und Verweilen ein.

Schöner gestalten mit Farben

Sommerblumen, die es in ihrer Blütenpracht gerne bunt treiben, sind ideale Helfer, um ein Gespür für Farbspiele zu entwickeln.

Viele Arten geben Ihnen die perfekte Farbmischung be-

Der Farbkreis gibt Hilfestellung bei der richtigen Pflanzenauswahl.

reits in der Blüte vor. Nehmen Sie beim Kauf Ihre favorisierte Pflanze einmal genauer unter die Lupe: Oftmals entdecken Sie bis zu drei verschiedene Farben innerhalb einer Blüte. Beispiele hierfür sind Margeriten, Geranien oder Stiefmütterchen. Und damit ist die Wahl der Partnerfarbe natürlich gefallen. Was, wenn Blüten und Blätter uni sind? Nun, in solch einem Fall machen Sie es wie die Profis: Sie achten bei der Zusammenstellung auf die Farblehre.

Farbtherapie im Kasten

Die wichtigste Bedeutung des Farbkreises (→ Abb.) liegt darin, komplementäre bzw. harmonisierende Farben auszuwählen. Die so genannten Primär- oder Grundfarben sind Rot, Gelb und Blau. Komplementärfarben liegen im Farbkreis immer einander gegenüber, z. B. Rot und Grün. Als harmonierend dagegen gelten Farben, die im Farbkreis nah beieinander liegen. Ein paar Regeln erleichtern das Zusammenstellen:

➤ Arrangements mit einer **begrenzten Anzahl** an Farben sind in der Regel wirkungsvoller als solche, in denen die gesamte Farbpalette auftaucht und alle Schattierungen bunt durcheinander gewürfelt werden.

➤ Farben, die im Farbkreis nahe beieinander liegen, erzeugen eine **beruhigende Atmosphäre**, da sie sich nicht gegenseitig beeinflussen. Außerdem wirken diese Kombinationen besonders natürlich.

➤ **Etwas frecher** sind dagegen kontrastierende Farben. Sie ergänzen sich gut und erzielen erst in Kombination ihre größte Wirkung. Solch ein spannungsvolles Duo kann Gelb mit Lila oder Orange mit Blau sein.

➤ **Weiß** verträgt sich mit nahezu allen Farben und wirkt freundlich, aber nicht aufdringlich. Helle Weißmischungen (das nicht ganz reine Weiß) schaffen weiche Übergänge innerhalb bunter Bepflanzungen.

➤ Die Farbe **Grün** gilt bei Pflanzen als neutral, fungiert aber als Ruhepol im Blütenmeer und sorgt für einen angemessenen Rahmen.

Frische Farbimpulse

Verschiedene Farben können unterschiedliche Gefühle auslösen. Es ist daher vorteil-

Unkompliziert zu kombinieren sind Bepflanzungen in Nachbarfarben. Hier sind es Flammenblumen in Rosa und Rot.

haft, sich vor dem Bepflanzen zu überlegen, welche Atmosphäre man mit Blatt und Blüte schaffen möchte. Warm und lebendig oder kühl und ruhig? Leuchtende Gelb-, Orange- und Rottöne wirken bestimmend und werden daher auch »dominante« Farben genannt. Frisches Blau, Violett und Grün hingegen bleiben als »zurückhaltende« Farben eher im Hintergrund. Dem Auge wird damit eine größere Weite vorgetäuscht, als tatsächlich vorhanden ist. Je nachdem, wie viele Pflanzen Sie von jeder Farbe einsetzen, können Sie eine möglichst heitere, überdeckende oder eher unnahbare, kühle Atmosphäre schaffen.

Der Einfluss des Lichts

Auch die Intensität des natürlichen Lichts wirkt sich darauf aus, wie Farben wahrgenommen werden. Das weiche, kühle Licht des Frühjahrs passt gut zu leuchtenden Farben. Deswegen blühen die meisten Frühlingsboten auch von Natur aus in kräftigem Gelb oder Rot. Narzissen und Tulpen z. B. wirken in der Frühlingssonne strahlend frisch, während sie im starken Sommerlicht grell erscheinen würden. Rosa-, Lila- und Violett-Töne wie von Astern und Erika passen zum diffusen Herbstlicht. Und in der blassen Wintersonne reflektieren Weiß und Blau am wirkungsvollsten. ■

PRAXISINFO

Neue Farbtrends

Die Farben bei Balkonblumen umfassen ein weites Spektrum. Mit diesen Sortenmischungen wagen Sie spannungsreiche Kombinationen:

- **Dunkelrosa – Maigrün** z. B. Fleißiges Lieschen 'Paradise Improved Delias' und Buntnessel 'Quarterback'
- **Orange – Pinkviolett** z. B. Kapkörbchen 'Orange Symphony' und Elfenspiegel 'Sunsatia Blackberry'
- **Hellblau – Zitrusgelb** z. B. Lobelie 'Sky Blue' und Nachtkerze 'African Sun'
- **Flieder – Bordeaux** z. B. Stiefmütterchen F1 'Fama Flieder' und Tulpe 'Queen of Night'

Von Sonne und Schatten

Auf eine üppige Blütenpracht müssen Sie auch an extremen Standorten nicht verzichten. Das Motto heißt: Reizvoll anders.

Wer kennt nicht das Problem: Entweder hat der Balkon zu viel Sonnenlicht oder zu wenig. Mit der richtigen Pflanzenwahl bringen Sie jedoch auch schwierige Ecken zum Leuchten. An der Farbe Gelb kommen Sie allerdings nicht vorbei, wenn Sie sich einen Kasten für die Südseite zusammenstellen. Das kann daran liegen, dass Gelb in der Natur am häufigsten anzutreffen ist – oder einfach, weil Gelb wie das Licht der Sonne strahlt. Asteriskus oder Tagetes sind charakteristisch für südlich exponierte Balkone. Aber auch das erst vor wenigen Jahren in Mexiko gefundene Aztekengold zählt zu den Balkonpflanzenfavoriten in der Farbe Gelb und stellt eine Bereicherung des Sortiments dar. Wenn diese Pflanzen zu Beginn auch noch etwas schwach wirken, entwickeln sie doch recht schnell Blütenkissen mit Trieblängen von bis zu 80 cm. Als gleich starke Nachbarpflanzen bieten sich Hängepetunien oder Weihrauch an.

Alles außer Geranien?

Die einfachste Möglichkeit zur Bepflanzung warmer, trockener Plätze ist es, nur eine einzige sonnenliebende Pflanzensorte zu setzen, z. B. die typischen und üppigen Hänge-Geranien, die ohne Pause leuchtend rot blühen. Solche Bepflanzungen wirken schlicht und sachlich und sind ideal, wenn man nicht experimentieren möchte. Aber die wertvollen Südwest- oder Westbalkone laden zu Abwechslung ein. Rücken Sie Ihre Geranien also etwas zur Seite; sie haben nämlich ganz schön Konkurrenz bekommen. Da wären zunächst einmal die Kapkörbchen. Ihre soften Farben in Vanillegelb, Mandarinorange oder Cremeweiß mischen farblich überall mit. Verbenen trumpfen allerdings genauso auf, nur alles eine Tonart dunkler und satter: rot, violett, pink und blau. Große Dolden mit zweifarbigem und gesprenkeltem Blütenmuster haben das Sortiment in den letzten Jahren ebenfalls um einige Aspekte erweitert.

Abwechslung im Schatten

Halbschattige Balkone in Ost- oder Westlagen sind besser als ihr Ruf und lassen sich viel

Fuchsien und Helichrysum *bilden ein gutes Gespann für den Schatten.*

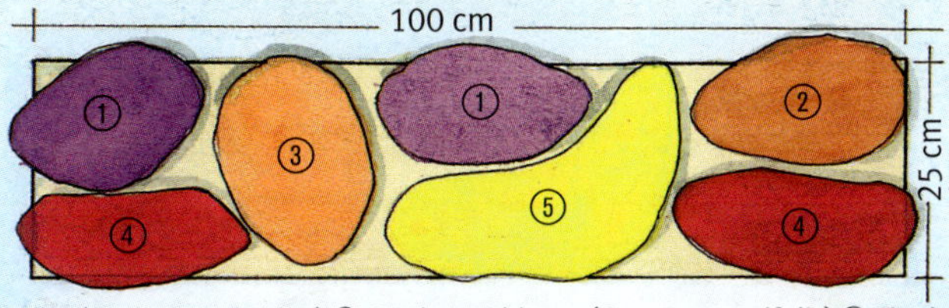

① Gazanie (*Gazania*-Hybriden) ② Studentenblume (*Tagetes tenuifolia*) ③ Zinnie (*Zinnia elegans*) ④ Geranie (*Pelargonium peltatum*) ⑤ Goldmarie (*Bidens* 'Peters Goldrush')

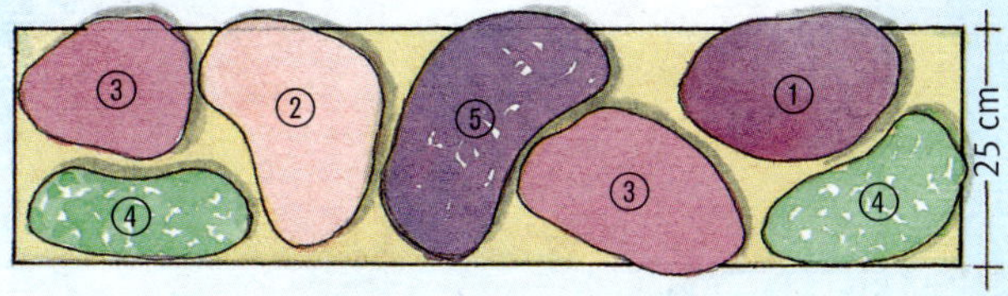

① Hortensie (*Hydrangea macrophylla*) ② Begonie (*Begonia-Tuberhybrida*-Gruppe 'Champagner') ③ Fleißiges Lieschen (*Impatiens walleriana* 'Apple Blossom') ④ Taubnessel (*Lamium maculatum* 'White Nancy') ⑤ Fuchsie (*Fuchsia*-Hybride 'Tom Thumb')

> *Pflanzpläne für sonnigen (oben) und schattigen (unten) Standort.*

farbenfroher gestalten, als man glaubt. Viele Pflanzen fühlen sich in der milden Morgen- oder warmen Nachmittagssonne wohler und blühen erst dort richtig auf. Fuchsien zum Beispiel sind des Schattens Lieblinge. Und hier gibt es mittlerweile unzählige, sogar winterharte Sorten. Rosa und Violett in allen Nuancen geben bei dieser Art den Ton an. Sie neigen sich über den Rand des Kastens, wachsen buschig zwischen feinen Blattpflanzen, sind in Ampeln reizvoller Blickfang und lassen sich sogar zu Bäumchen formen.

Kein Schattendasein

Ärgern Sie sich also nicht, dass die Auswahl an kräftig gelben und orangen Blüten mit zunehmender Beschattung abnimmt. Machen Sie lieber aus der Not eine Tugend. Denn gerade schattige Ecken sind Oasen der leisen Töne, wo sich Ihr Auge von den grellen Reizen des Alltags erholen kann. Um sprichwörtlich mehr Licht ins Dunkel zu bringen, wählen Sie am besten schattenliebende Pflanzen mit pastellfarbenen oder weißen Blüten. Fleißige Lieschen fangen selbst in der dunkelsten Ecke jeden Lichtstrahl ein und leuchten in der Dämmerung lange nach. Ein echter Aufheller ist die einmalig gelb blühende Sorte 'Jungle Gold'. Geradezu prädestiniert dazu, lichtartige Akzente zu setzen, sind auch Pflanzen mit buntblättrigem Laub, wie Funkien, Bunt- und Taubnessel und das Purpurglöckchen. Wenn Sie den Effekt noch verstärken wollen, streichen Sie Ihre Balkonkästen in Weiß oder einem anderen sehr hellen Farbton. Damit täuschen Sie zusätzlich zu den Blütenfarben optische Weite vor (→ Seite 16). ■

PRAXISINFO

Pflanzenauswahl

- ✗ **Für sonnige Standorte:** Australisches Goldknöpfchen (*Helichrysum apiculatum*), Blaues Gänseblümchen (*Brachyscome multifida*), Dahlien (*Dahlia*-Hybriden), Löwenmäulchen (*Antirrhinum majus*), Portulakröschen (*Portulaca grandiflora*), Sommerheide (*Calluna vulgaris*)
- ✗ **Für schattige Standorte:** Azalee (*Rhododendron*-Hybriden), Buntnessel (*Solenostemon scutellarioides*), Glockenblume (*Campanula carpatica*), Hortensie (*Hydrangea macrophylla*), Knollenbegonie (*Begonia tuberhybrida*), Silberglanznessel (*Lamium maculatum*)

Ganz schön pflegeleicht

Einfach die Beine hochlegen und nichts tun. Das geht zweifellos auch dann, wenn Sie Herr über eine Reihe von Balkonkästen sind.

Dabei kommt es zuallererst auf die Wahl besonders anspruchsloser Pflanzen an, die so gut wie jedem Wetter trotzen. Am besten ohne grünen Daumen, Voranzucht und Umtopfen. Zugegeben, die Ziele sind hoch gesteckt – aber erreichbar.

Blaue Fächerblume und Surfinia *sind anspruchslos und robust.*

Pflanzen für Nachlässige

Es gibt unter den Pflanzen absolute Asketen, die mit wenig Nährstoffen und Wasser zurechtkommen. Gazanien und Strohblumen gehören dazu, wie auch der Zierkohl. Überhaupt sind es meist Pflanzen aus heißen Gebieten, die im Balkonkasten zur Höchstform auflaufen: Zwergstrohblume, Mittagsblume und Portulakröschen sind hier mit von der Partie. Eine Pracht in jedem Blumenkasten ist die Präriekerze (*Gaura lindheimeri*). Sie ist ideal, um schnell und dauerhaft Fülle in gemischte Bepflanzungen zu bringen. Ein rasches Erfolgserlebnis verspricht auch die Mischung aus Elfenspiegel, Geranie und Blauer Fächerblume. Einmal gut eingewachsen, schmücken sie den Kasten ohne große Anstrengungen wochenlang bis zum Frost.

Wer seine Freizeit also lieber öfter im Liegestuhl verbringen möchte als beim aktiven Gärtnern, der sollte sich auf jeden Fall nach so genannten selbst reinigenden Sorten umsehen. Denn diese werfen von allein ihre verwelkten Blüten ab und sind daher höchst selten auf die Schere angewiesen. Einige Sorten der Geranien gehören dazu, sowie Fächerblume, Schneeflockenblume und das Blaue Gänseblümchen.

Gießen? So viel wie nötig!

Pflanzen brauchen Wasser, keine Frage – aber auch hier sollte Maß gehalten werden: Gießen Sie immer erst, wenn die Erde im Kasten abgetrocknet ist, und zwar auch in den unteren Schichten. Prüfen Sie dies, indem Sie mit dem Zeigefinger die Erde lockern. Auf Vorrat kann man übrigens nur bei einigen Pflanzen gießen. Es müssen schon Arten sein, die ein »Zuviel« tolerieren und den Überschuss gut abfangen. Farne und krautige Arten einiger Sommerblumen gehören dazu. Es empfiehlt sich allerdings, nicht zu

Mehrjährige Arten wie Farn, Goldrand-Segge und Silberrand-chrysantheme sind besonders pflegeleicht.

oft nach diesem Überschussverfahren zu gießen, da die Wurzeln doch sehr unter anhaltend nassen Füßen leiden und dann faulen.

Düngen? Einmal bitte!

Folgende Tricks erleichtern regelmäßiges Düngen:

➤ Mischen Sie gleich beim Bepflanzen eine Handvoll Langzeitdünger unter das Substrat, dann haben Sie für die nächsten Monate Ruhe. Bei Pflanzen, die über eine Saison hinaus im Kasten bleiben, können Sie das Granulat auch auf die Erde streuen und sorgfältig mit einer kleinen Harke in den Wurzelbereich einarbeiten.

➤ Neu ist ein Langzeitdünger mit Wasserspeicherperlen. 10 g der Perlen speichern bis zu drei Liter Wasser. Bei Bedarf entziehen Pflanzenwurzeln den Gelpartikeln die notwendige Wassermenge. Eine Packung mit 30 g Inhalt reicht für fünf Liter Substrat. In der Praxis heißt das: Sie müssen nur halb so viel gießen und nur einmal pro Saison düngen. ■

SPARTIPP

>> schön und vielseitig

Sparen Sie Wasser und Gießzeit!

Drei Tricks, wie Sie die Verdunstung von Wasser begrenzen:

➤ Bedecken Sie die Erdoberfläche mit Kieseln oder Steinchen.

➤ Platzieren Sie Kästen nicht in der (Mittags-)Sonne oder beschirmen Sie sie mit einem Sonnenschutz.

➤ Pflanzen Sie bodendeckende Arten; sie schließen Lücken und schützen vor Verdunstung.

PRAXISINFO

Pflegeleicht planen

So stellen Sie die Weichen für einen pflegeleichten Kasten:

✗ Ausreichend große Gefäße aussuchen

✗ Bevorzugt Wasserspeicherkästen verwenden

✗ Anspruchslose Pflanzen für den Standort wählen

✗ Dränagematerial (Kies, Blähton, Tonscherben) ausbringen

✗ Depotdünger und Speicherperlen unter das Substrat mischen

✗ Erst gießen, wenn die Pflanzen wirklich trocken stehen

Das Spiel mit Gegensätzen

Pflanzen mit besonderen Merkmalen bieten zahlreiche gestalterische Möglichkeiten. Eine davon ist das Spiel mit Kontrasten.

Haben Sie sich schon einmal die Frage gestellt, warum gerade von Pflanzen im Balkonkasten eine so faszinierende Wirkung ausgeht? Wie bei vielen Dingen, kommt es manchmal einfach nur auf die Sichtweise an – und die ist im Balkonkasten um einiges verschärft. In Augenhöhe werden alle Pflanzen zu einem Anziehungspunkt. Außergewöhnliche Blätter und Blüten in reizvollen Farben erzeugen dabei interessante optische Effekte.

Der feine Unterschied

Pflanzen mit eigenem Charakter wollen zur Schau gestellt werden. Damit Ihnen das gelingt und schmucke Hortensien, Alpenveilchen oder Tulpen fein herauskommen, hat jede nicht nur ein Gefäß verdient, das ihr gut zu Gesicht steht, sondern auch den richtigen Partner an ihrer Seite. Denn dieser unterstreicht die Eigenart seiner Nachbarpflanze, ohne sie mit einem kräftigeren Wuchs zu unterdrücken.

Eine gelungene Bepflanzung integriert viele Gegensätze. Verschiedene Formen, Strukturen und Farben werden geschickt miteinander kombiniert. Wenn Sie Blüten mit gleicher Farbe haben, erzeugen Sie viel spannendere Effekte, indem Sie möglichst unterschiedliche Formen auswählen. Jede Blüte für sich kommt dadurch viel intensiver zur Geltung. Schon ein paar kleine Kniffe können so einen großen Unterschied ausmachen.

Die drei folgenden Beispiele zeigen eine gelungene Gestaltung. Dabei treffen auffallende Charaktere auf leise, grüne Vertreter, die dem Ganzen Struktur geben.

Dieser Balkonkasten lebt durch seine gegensätzlichen Blütenformen: Große, gelbe Blüten neben kleinen weißen.

Setzen Sie Akzente mit einer Farbe, die auffällt: Weiß inmitten von Violett.

Romantisch in Rosa

Zurückhaltende Töne in gedämpftem Pastell wirken romantisch und bedrängen den Betrachter weniger. Damit es nicht allzu brav ausfällt, sollten Sie gerade die Strukturpflanzen »wild« wachsen lassen. Eine erfrischende und vor allem sehr moderne Kombination ist ein Balkonkasten mit Frühlingsblühern und Pflanzen, die das gedämpfte Rosa von Tulpen oder Kugelprimeln mit sanften Farben betonen. Setzen Sie zunächst Akzente mit einer Farbe, zum Beispiel dem Dunkelrosa von Tausendschönchen. Wagen Sie sich dann weiter mit Blattpflanzen wie Silberglanznessel und den filigranen Blüten des Buntschöterichs.

Am liebsten ganz pur

Bei einer modernen, reduzierten Bepflanzung werden bestimmte Formen und Farben besonders betont. Der pure Stil verzichtet auf üppige Blüten und schreiende Farben. Er setzt vielmehr auf Schlichtheit und klare Linien. Kühle Ruhe geht dabei von grünen Gehölzen wie Buchsbaum aus, der im Kasten die Hauptfigur spielt. Um das Klare zu verstärken, pflanzen Sie ungefüllte weiße Geranien, Dahlien oder Löwenmäulchen in die Lücken. Und weil die Bepflanzung sich eher zurückhält, dürfen grazile Gräser wie Buntsegge oder Rutenhirse und Blattstrukturen wie die von Gefleckter Taubnessel und Eberraute (*Artemisia*) nur als Akzentgeber eingesetzt werden.

Auf die spielerische Art

Auch bei der verspielten Bepflanzung helfen einfache Tricks, damit die Pflanzen harmonieren. Egal, in welchen Monaten Ihr Balkonkasten erblüht: Lassen Sie bestimmte Formen und Farben immer wieder auftauchen. Dies sollten Sie gerade dann beherzigen, wenn es sehr bunt zugeht und Sie mehrere Kästen bepflanzen. Es stellt eine optische Verbindung zwischen Pflanzen und Gefäßen her. Eine Gruppe von Prachtsalbei oder Petunien, die sich in jedem Kasten wiederholt, wirkt aufgeräumt und großzügig.
Gleiches gilt für die Blütengröße. Wenn Sie in Violett, Rot und Gelb pflanzen, so wählen Sie teilweise große, ungefüllte Blüten, die zwischen kleinen, gefüllten immer wieder Ruhe in die Bepflanzung bringen. ■

PRAXISINFO

Struktur im Kasten

- ✗ Buchsbaum
- ✗ Federbusch-Celosie (*Celosia plumosa*)
- ✗ Funkie 'Crispula'
- ✗ Hopfen-Oregano (*Origanum rotundifolium*)
- ✗ Hyazinthen in Sorten
- ✗ Pelargonie 'Randy'
- ✗ Purpurglöckchen
- ✗ Salbei 'Blue Angel'
- ✗ Vanilleblume 'Incense'
- ✗ Zierkohl

Balkonkästen mit Biss

Es geht nichts über würzige Kräuter und knackiges Gemüse aus eigener Ernte. Das geht auch im Kasten. Jederzeit aromafrische Petersilie, leuchtend bunte Tomaten oder delikate Radieschen – die windgeschützte Südwest- oder Südostseite eignet

Schnittsalat gedeiht prima und kann über Monate geerntet werden.

sich ideal für wärmeliebende Fruchtgemüse. Ein paar Kriterien sollten sie allerdings erfüllen: kompakter Wuchs, schnelle Reife und leichte Pflege. Die meisten Gemüsearten sind einjährig und im Gartenhandel als Jungpflanzen erhältlich. So genannte F1-Hybriden, also spezielle Züchtungen, sind bei einem knappen Platzangebot oft die beste Wahl. Sie sind etwas teurer, aber die Pflanzen sind gleichmäßiger in der Größe und bei der Erntezeit.
Die Saison beginnt vielerorts gleichzeitig mit dem Verkauf der Sommerblumen, also ab Anfang April.

Kasten mit Geschmack

Im Frühjahr sind es Radieschen und Kopfsalat, die im Balkonkasten an warmen, sonnigen Hauswänden sogar besser wachsen als im Garten. Bei Tomaten sollten Sie unbedingt darauf achten, dass Sie Balkon-Sorten wählen. Sie bringen eine ganze Reihe von Vorteilen mit sich: Sie bleiben klein und verzweigen sich buschig. Somit können Sie auf das Ausbrechen der Seitentriebe, das so genannte Ausgeizen, verzichten. Wenn Sie Mitte Mai vier Buschtomaten in einen Balkonkasten von einem Meter Länge setzen, können Sie Mitte Juli ernten.

Noch etwas Grün für die Suppe? Dann pflanzen Sie am Rand des Kastens einfach noch je einen Sellerie und einen Porree. Mit zunehmender Entwicklung der Tomaten muss man dann beide Gemüse als Suppengrün ernten.
Und auch Paprika werden wie Tomaten angebaut und bilden mild schmeckende Früchte, die man grün oder – ausgereift – gelb bis rot essen kann. Die Sorten 'Toscana' F1 und 'Sammy' F1 sind ideal

>> schön und vielseitig

TIPP

Naschbonus

Lohnend und Platz sparend sind Gemüse und Sommerblumen, zusammen in Ampeln (Durchmesser 40 cm), z. B.

- Tomate 'Tumbler' F1 und Fächerblume (*Scaevola saligna*)
- Paprika 'Apache' F1 und Kapuzinerkresse (*Tropaeolum majus*)
- Gurke 'Bush Champion' und Goldmarie (*Bidens ferulifolia*)

bei wenig Platz und liefern große Mengen von roten, dickfleischigen Paprikas. Ausreichend große Gefäße hingegen brauchen Sie, wenn Sie das Sortiment noch mit Mangold, Zucchini oder Auberginen erweitern möchten.

Mit Kräutern gewürzt

Pflanzen Sie duftende Kräuter einfach zwischen Ihre Sommerblumen. Grünes oder rotes Basilikum, graulaubiges Currykraut, bunt gefleckter Ziersalbei oder goldgelber Majoran passen ganz wunderbar zu Leberbalsam, Margeriten und Strohblumen. Diese Art von Mischkultur hilft zudem, Schädlinge fern zu halten. Unansehnliche Blühpflanzen können so schnell ersetzt werden, und der Platz wird bestmöglich ausgenutzt.
Dass Nutzpflanzen im Kasten dabei auch eine ausgesprochen dekorative Seite haben, zeigen die attraktiven Blüten von Borretsch und Rosmarin.

Dünger richtig dosieren

Von Nährstoffen können alle **Gemüsepflanzen** gar nicht genug bekommen. Geben Sie vier Wochen nach dem Einpflanzen wöchentlich 2 g Dünger (in 1 Liter Wasser gelöst) ins Gießwasser und gießen Sie so, dass der vorher noch relativ feuchte Balkonkasten satt durchfeuchtet wird. Wässern Sie auch immer in kleinen Gaben, denn es sollte möglichst kein Wasser aus dem Kasten laufen, da sonst die Nährstoffe ausgeschwemmt werden. Empfehlenswert sind hier Balkonkästen mit einem Wasserspeicher. Das Schwelgen im Überfluss gefällt besonders den vitaminreichen Paprika und den roten, schmackhaften Tomaten.
Ganz andere Wünsche hat der **Kräuterkasten.** Hier ist es ratsam, den Dünger sehr sparsam einzusetzen. Ein Zuviel kann zu mastigem, d. h. »fettem« Wuchs führen, was auf Kosten des guten Geschmacks geht. Dieser bleibt dann nämlich aus, und die Kräuter schmecken nur noch fade. ■

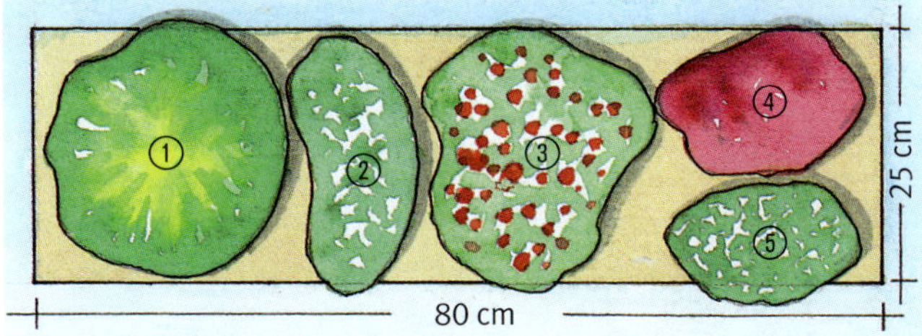

① Stiel-Mangold (*Beta vulgaris*) ② Thymian (*Thymus vulgaris* 'Snow White') ③ Balkontomate (*Lycopersicon esculentum* 'Balkonstar') ④ Rotes Basilikum (*Ocimum basilicum*) ⑤ Bohnenkraut (*Satureja hortensis*)

> *Räumen Sie Ihren Gemüsepflanzen im Balkonkasten viel Platz ein. Eine Breite von 20 cm sollte das Minimum sein.*

CHECKLISTE

Die besten Balkon-Gemüse

- ✔ Aubergine 'Black Beauty': schnellwüchsig und früh reifend
- ✔ Kirschtomate 'Delicado' F1: rot mit süßem Geschmack
- ✔ Kopfsalat 'Irina': blattlausfest
- ✔ Stangensellerie 'Tall Utah': grün bleibend, gute Schossfestigkeit
- ✔ Zucchini 'Mastil' F1: grüne Früchte, tolerant gegen Mehltau

Alle Jahreszeiten in einem Kasten

Ersparen Sie sich die Arbeit, die der Wechsel saisonaler Pflanzen mit sich bringt. Entscheiden Sie sich einfach für eine dauerhafte Lösung. Den Wünschen und Möglichkeiten sind auch im Kasten keine Grenzen gesetzt. Ein einziger Balkonkasten genügt, um darin das Gartenjahr in seinem Verlauf zu beobachten. Mit etwas Planung lässt sich ein Kasten so bepflanzen, dass er im Sommer genauso hübsch anzusehen ist wie im Herbst oder Winter. Dabei helfen Pflanzen, die Monat für Monat ihren Reiz haben.

Ganzjährig grün

Struktur- oder Rahmenpflanzen bilden den Löwenanteil eines beständigen Kastens.

➤ Unter den **Stauden** gehört z. B. die Staudengeranie 'Rozanne' unbedingt dazu. Ihre anspruchslosen, blauen Blüten überzeugen den Balkongärtner bereits Anfang Mai. Die Fetthenne blüht zwar erst im Hochsommer, doch schon im April sprießt ein dichtes Bündel unverzweigter Triebe empor, die sich bis weit in den Herbst hinein nach und nach ins Rötliche färben. Mit ihr entdecken Sie den Herbst und die Lust, auch mit Blättern zu gestalten.

➤ Die zweite Grundlage bilden **immergrüne Gehölze** wie Buchsbaum, Stechpalme oder Zwerg-Koniferen. Pflanzen Sie in schöne frostfeste Terrakotta-Gefäße Scheinzypresse, Spindelstrauch oder auch Skimmie. Werden diese gekonnt kombiniert, beeindrucken Balkonkästen mit dauerhaftem Charakter.

Dauerhafte Arten wie Efeu, Klee und Veilchen wechseln sich mit saisonalen wie Geranien und Zinnien ab.

Im Frühjahr: Zwiebelblüher

Die Zwiebelblumen fürs Frühjahr schließen mit ihrer grenzenlosen Farbenpracht nahtlos an die immergrünen Gehölze der eisigen Jahreszeit an. Früh blühende Arten der *Kaufmannia*-Tulpe gehören

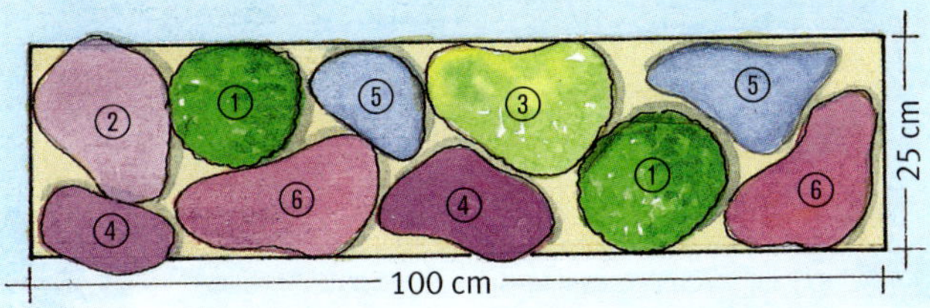

① Buchskugel (*Buxus sempervirens*) ② Buntschöterich (*Erysimum linifolium* 'Variegatum') ③ Wolfsmilch (*Euphorbia* 'Kalipso') ④ Zwerg-Tulpe (*Tulipa*-Hybride) ⑤ Hyazinthe (*Hyazinthus*) ⑥ Garten-Stiefmütterchen (*Viola*-F1-Hybride)

> *Ein gut durchdachtes Arrangement mit Immergrünen und Frühjahrspflanzen, die weit in den Sommer hinein blühen.*

ebenso dazu wie die Perlhyazinthen der Sorte 'Azurblau'. Und auch Vergissmeinnicht erstrahlen nach dem Erblühen genau in dieser Farbe. Frühlingsboten sind aber auch Narzissen und Kugelprimeln. Letztere heben ihre Blütenbälle, genauso wie Ranunkeln, beachtlich über den Balkonkastenrand in die Höhe. Nur die Sorte 'Wizard Yellow' wächst gerade einmal handspannenhoch.

Der Sommer vollendet es

Mit Pauken und Trompeten warten die Saisonblüher auf. Sie werden zwischen den Strukturpflanzen neu gesetzt, allerdings nicht in der gewöhnlichen Menge. Hier macht sich jetzt die gute Vorüberlegung bemerkbar. Denn meist sind es nur noch zwei oder drei Lücken, die gefüllt werden müssen. Und was eignet sich da besser als Sommerblumen, die sich schnell durch die immergrünen Pflanzen drängeln? Verbenen, Fleißige Lieschen oder Petunien – sie alle weben in einer großen Vielzahl von Farben geradezu einen dichten Blütenteppich aus.
Sie werden überrascht sein, wie einfach es ist, das vorhandene Grundgerüst aufzustocken. Die richtige Formen- und Farbwahl der »Neulinge« fällt Ihnen nun bestimmt um einiges leichter.

Schmucke Blätter im Herbst

Fehlende Blütenfarbe kann durch farbiges Laub ersetzt werden, z. B. mit buntlaubigen Günsel-, Salbei- und Thymianarten, Hebe und Silberblatt-Lavendel, Houttuynie und Wolfsmilch – sie sind die Hauptverantwortlichen dafür, dass die weiteren Aussichten im Balkonkasten durchaus farbig bleiben. Bis weit in den Winter hinein ist ein prächtiger Anblick garantiert. Erst recht, wenn sinkende Temperaturen bei einigen Arten die Blätter mit einem Rotstich noch verschönern. ■

CHECKLISTE

Pflege rund ums Jahr

- ✔ Kneifen Sie ständig die welkenden Blüten heraus; das regt die Bildung von Seitenknospen an.
- ✔ Welke Teile der bereits eingezogenen Pflanzen (z. B. alle Stauden) zurückschneiden.
- ✔ Ausgenommen vom Rückschnitt werden Gräser, Zwiebelblüher sowie alle mit wintergrünen Blättern bzw. Blattrosetten.
- ✔ Binden Sie Pflanzen, die nicht völlig standfest sind, an, vor allem in windigen Lagen.
- ✔ Zu groß gewordene und ältere Gehölze wie z. B. Buchsbaum werden im zeitigen Frühjahr wieder in Form gebracht.

Das A und O: gute Vorbereitung

Ob die Pflanzen im Kasten gut gedeihen, hängt zum großen Teil davon ab, wie viel Vorbereitung man zu Beginn investiert.

Falls Sie Größeres vorhaben und gleich mehrere Kästen bepflanzen möchten, lohnt es sich, einen Pflanztisch einzurichten. Dieser kann provisorisch aus Holzböcken und einer Holzplatte bestehen. Da Fertigerden in Verpackungsgrößen von 5 bis 80 Liter Inhalt angeboten werden, ist es sinnvoll zu wissen, wie viel man zum Befüllen seiner Kästen benötigt, damit nicht viele Reste übrig bleiben. Als Faustregel gilt daher: Ein Kasten von 1 m Länge und etwa 20 cm Tiefe und Höhe fasst, wenn man die Wurzelballen nicht berücksichtigt, rund 35 Liter Substrat. Geöffnete Säcke haben ein begrenztes Haltbarkeitsdatum und sollten innerhalb von drei bis vier Monaten aufgebraucht werden, da der für das Pflanzenwachstum elementare Stickstoff entweicht.

Scherben auf dem Abzugsloch sorgen für ungehinderten Wasserablauf.

Für guten Wasserabzug

➤ Jedes Gefäß benötigt Abzugslöcher im Boden, damit überschüssiges Gieß- oder Regenwasser abfließen kann. Damit verhindern Sie Wurzelfäule und ein Absterben der Pflanzen. Kunststoff- und auch Terrakottakästen haben oftmals an der Unterseite eine oder mehrere dünne Stellen im Material, die Sie nur noch mit einem Messer oder einer Bohrmaschine durchstoßen müssen. Durch mehrere kleine Löcher in gleichem Abstand läuft das Wasser übrigens besser ab als durch ein großes Loch. Bei Wasserspeicherkästen ist diese Vorbereitung nicht erforderlich.

➤ Füllen Sie Blähton, Kiesel oder Styroporflocken bis zu etwa einem Zehntel der Kastenhöhe. Diese Dränage aus luftführendem Material ist für alle Pflanzenwurzeln unerlässlich. An regenreichen Tagen sorgt sie zusätzlich für einen guten Wasserabzug und verhindert außerdem, dass sich die Abzugslöcher mit Erde zusetzen.

➤ Auf die Dränageschicht legen Sie ein Mattenvlies. Es nimmt überschüssiges Gießwasser fast vollständig auf, speichert es und gibt es je nach Bedarf wieder an die Pflanzen ab. Außerdem sorgt das Vlies für eine gleichmäßige Verteilung der Feuchtigkeit, was gerade bei wechselhaftem Wetter von Bedeutung ist. Zusammen mit dem Blähton dient es so nämlich als

Damit Ihr Balkonkasten in den schönsten Farben erblüht, sollten ein paar Vorbereitungen getroffen werden.

Puffer. Vliesmatten gibt es zugeschnitten für Kästen mit einer Länge von 80 und 100 cm und für zwei Ampelgrößen im Fachhandel.

Die Basics auf Vorrat

Zu einem Happy End gehört aber vor allem, dass Sie Ihren Pflanzen einen reichlichen Wasservorrat mitgeben.
➤ Tauchen Sie den Wurzelballen vor der Pflanzung ohne Topf so lange in einen Eimer voll Wasser, bis keine Blasen mehr aufsteigen. Wenn Sie die Pflanzen mit trockenem Ballen einsetzen, kann es passieren, dass sie trotz Angießen verwelken.
➤ Wer es wie die Profis machen möchte, der gibt gleich beim Pflanzen je eine Handvoll Dünger mit in den Kasten. Bei Hornspäne, einem langsam wirkenden Dünger, besteht keinerlei Gefahr, die Pflanzen gleich zu Beginn zu überdüngen. Trotzdem können Sie sie gut genährt wissen, wenn sich die Bevorratung in der Erde nach ca. vier bis sechs Wochen dem Ende zuneigt. ■

PRAXISINFO

Tipps zur Düngung

- ✗ Düngen Sie keinesfalls auf trockene Erde; ein gut durchfeuchteter Kasten nimmt den Dünger schneller und gleichmäßiger auf. Dies gilt sowohl für Hornspäne als auch für Flüssigdünger.
- ✗ Bei kalter, trüber Witterung die Düngedosis halbieren, da die Wirkung des Düngers bei sinkenden Bodentemperaturen stetig nachlässt.
- ✗ Lagern Sie angebrochene Packungen in einem durchlüfteten, dunklen und trockenen Raum.

CHECKLISTE

Einkaufsliste

Das brauchen Sie für Ihren Balkongarten:

- ✔ Balkonkästen mit Wasserspeicher oder einfache Gefäße mit Mattenvlies
- ✔ Passende Halterungen für Balkonkästen
- ✔ Dränagematerial wie Kies oder Blähton
- ✔ Pflanzsubstrat, speziell für Beet- und Balkonblumen
- ✔ Pflanzendünger (Hornspäne; in Flüssig- oder Granulatform) und/oder Langzeitdünger mit Wasserspeicherperlen

Jetzt wird gepflanzt!

Die Wuchseigenschaften der Arten sollten Sie bei der Anordnung im Kasten unbedingt berücksichtigen. Denn starkwüchsige Pflanzen wie Geranien drohen schwächer wachsende Partner schon nach kurzer Zeit zu unterdrücken.

Setzen Sie Pflanzen mit hängendem Wuchs an den vorderen Kastenrand.

➤ Bei den sehr breiten wasserspeichernden Balkonkästen (ca. 25 cm Tiefe) können Sie zweireihig pflanzen: Hinten werden die höheren Pflanzen gesetzt, vorn und leicht versetzt pflanzen Sie niedrige oder hängende.

➤ Verwenden Sie, wie bei einem Blumenstrauß auch, immer eine ungerade Zahl an Pflanzen. Das wirkt weniger starr und eintönig.

➤ Der Abstand zwischen den Pflanzen beträgt idealerweise 10 bis 15 cm. Das ergibt bei einer Kastenlänge von 1 m je nach Pflanzzeit fünf bis sieben Pflanzen.

➤ Sommerblüher sollten Sie nicht zu dicht pflanzen. Auch wenn das zunächst gut aussieht, können sich die Pflanzen nicht ausreichend entwickeln. Sie neigen dann dazu, einseitig zu wachsen und lange Triebe auszubilden.

➤ Im Herbst eingetopfte Pflanzen verzeichnen wegen der kühlen Witterung kaum Zuwachs. Setzen Sie also ruhig zwei bis drei Pflanzen mehr, damit es üppig blüht.

Symmetrisch oder rhythmisch

➤ Ein symmetrisch gestalteter Balkonkasten wirkt überschaubar und vermittelt ein harmonisches Gesamtbild. Setzen Sie hierfür eine Hauptpflanze in die Mitte des Kastens. Die beiden Seiten werden jeweils spiegelgleich bepflanzt.

➤ Ein lebhafteres Bild geht dagegen von rhythmisch gestalteten Bepflanzungen aus: Pflanzen Sie zwei und mehr Pflanzensorten aneinander gereiht, und setzen Sie diese Reihung beliebig oft hintereinander fort.

➤ Wichtig ist bei alldem nur, dass Sie die Pflanzen eine Daumenbreite tiefer einsetzen, wie sie zuvor im Topf standen. Ein Gießrand sorgt dafür, dass die Erde beim Gießen nicht über den Balkonkasten hinausläuft: Drücken Sie schrittweise mit dem flachen Handrücken die Erde zum Rand hin herunter.

Ampeln bepflanzen

Für Hängeampeln gilt eine ähnliche Anordnung wie für Balkonkästen. Natürlich lässt die Form keine Pflanzung in der Reihe zu, aber ungerade Pflanzenzahlen (drei oder fünf) sind auch hier ein Muss für einen lebhafteren Charak-

1 **Der Grundstock**
Das ist der Schlüssel zum Erfolg: Vlies, Dränage (Blähton), Substrat und Pflanzendünger.

2 **Wasserspeicher**
Legen Sie auf die Dränage das Mattenvlies – es speichert Wasser und gibt es bei Bedarf wieder ab.

3 **Einpflanzen**
Setzen Sie nur Pflanzen mit gut durchfeuchtetem Ballen in den Balkonkasten.

ter. Die Pflanzen sollten sich zudem in ihrem Wuchsverhalten – stark nach unten hängend oder buschig ausladend zur Seite – gleichen. Weiche, fließende Übergänge erreichen Sie, indem Sie die Pflanzen in leicht schräger Haltung nach außen und mit einem Abstand von 5 bis 7 cm zum Rand hin platzieren.

Pflanzen mit Stütze

Viele Pflanzen wie Geranien oder Begonien sind bereits gestäbt, d. h. ihre Triebe werden mit Holzstäbchen oder einem Plastikgitter im Zaum gehalten. Lassen Sie die Stäbe im Ballen und schneiden Sie bei einem Gitter nur den unteren Ring auf, um den Topf aus der Pflanze zu lösen. Setzen Sie die Pflanzen mit dem Stützkorsett ein – Sie werden nach ein paar Wochen nichts mehr davon sehen.

Angießen nicht vergessen!

Während gut eingewachsene Stauden und Gehölze eine Weile ohne Wasser überstehen, vertragen Sommerblumen, Gemüse und frisch gesetzte Pflanzen keine Trockenheit. Lassen Sie Ihre Schützlinge auch nach dem Angießen nicht aus den Augen, bis sie gut angewurzelt sind. Wie groß der Durst einer Pflanze ist, hängt von der Witterung, der Beschaffenheit der Gefäße, aber auch von der Pflanzengröße ab. Großblättrige Pflanzen wie das Purpurglöckchen verdunsten beinahe ihre gesamte Feuchtigkeit, die sie über die Wurzel aufnehmen, fortwährend über das Blatt. Gießen Sie diese Pflanzen deshalb einmal öfter. ■

PRAXISINFO

Kasten bepflanzen

Zeitbedarf: 20–30 Minuten pro Kasten

Material:
- ✗ Balkonpflanzen (5–7 pro Meter Kastenlänge)
- ✗ Balkonkästen
- ✗ Substrat: Blumenerde (25–35 Liter je Kasten)
- ✗ Granulierter Depotdünger (Menge nach Packungsangabe)
- ✗ Dränagematerial (Blähton, Kies)
- ✗ Wasserspeichermatten (nur bei Kästen ohne Wasserspeicher)

Werkzeug:
- ✗ Pflanzschaufel
- ✗ Gießkanne

Rundum hübsch anzusehen

Hanging Baskets gehören nach wie vor zu den beliebtesten Stilelementen auf Balkon und Terrasse. Das Besondere an diesen Hängekörben ist, dass sie sich auch von den Seiten bepflanzen lassen. Damit unterscheiden sie sich von den herkömmlichen Blütenampeln. In England, dem Geburtsort der Hanging Baskets, sieht man schon seit Jahrzehnten die Körbe aufblühen. Ob an einer Haustür mit Dachüberstand, einer zur Seite offenen Pergola oder einer Wand, der es noch an Farbe fehlt – ein bepflanzter Korb nutzt diesen Raum aus, den man nicht verschwenden sollte.

Von allen Seiten zu bewundern: Ein Korb mit Bleiwurz und Lysimachia.

Hängende Gärten

Die Blumenampeln aus Draht und entsprechende Einsätze aus Kokosfaser oder Karton gibt es in großer Auswahl. Beides ist später nicht mehr zu sehen, sobald die Pflanzen eingewachsen sind. Vielfalt wächst so zu einer blühenden Kugel heran. Als Füllmaterial empfiehlt es sich zudem, präpariertes Moos und gefärbte Kokosfasern zu verwenden, die länger ihr Grün behalten. Das erspart Ihnen zwar nicht das tägliche Gießen, aber die Erde trocknet bei weitem nicht so schnell aus. Damit sich der Pflegeaufwand insgesamt in Grenzen hält, wählen Sie am besten Pflanzen, die auch mit weniger Wasser auskommen (→ Seite 20). Die Wasserhaltefähigkeit ist höher, wenn Sie einen möglichst großen Korb bepflanzen, der viel Erde fasst.

Ein Eimer hilft

Beim Bepflanzen bedient man sich folgender Tricks:

➤ Stellen Sie Ihren Hanging Basket auf einen Eimer: Bedecken Sie den Boden des Korbes etwa 5 cm hoch mit einer Schicht aus Moos, Karton oder Kokosfaser.

➤ Füllen Sie nun den Korb so hoch mit Substrat auf, wie Sie die ersten Pflanzen setzen möchten. Mischen Sie auch gleich einen granulierten Depotdünger (→ Seite 21) unter.

>> schön und vielseitig

SPARTIPP

Ein Korb fast zum Nulltarif

➤ Ein biegsamer Maschendraht dient als Korbersatz.

➤ Nehmen Sie statt fertiger Einsätze Moos oder Eierkarton.

➤ Geranien, Fuchsien oder Efeu in Ihren Kästen eignen sich gut als Stecklingsspender.

➤ Fragen Sie Ende Februar nach preiswerten Jungpflanzen.

1 Auskleiden

Legen Sie den Boden und den unteren Seitenrand mit Moos und anschließend mit Folie aus. Füllen Sie anschließend Blumenerde hinein.

2 Eintüten

Umwickeln Sie junge Pflanzen zum Schutz mit einer Folie. Ziehen Sie sie von innen vorsichtig durch die bemoosten »Maschen« nach außen.

3 Einpflanzen

Die Wurzeln müssen guten Kontakt zur Erde bekommen. Füllen Sie den Korb ganz mit Erde auf und entfernen Sie vorsichtig die Folie.

➤ Umwickeln Sie Jungpflanzen und empfindliche Hängepflanzen zum Schutz mit einer Folie (→ Abb. 2), damit Triebe und Blätter bei der Prozedur nicht abknicken.

➤ Setzen Sie den ersten Ring aus Pflanzen, indem Sie die Gewächse von innen durch die »Maschen« nach außen ziehen. Verwenden Sie für die Seiten junge Pflanzen, da diese leichter durch die Öffnungen passen.

➤ Mit Moos und Erde die verbleibende Fläche auffüllen und die restlichen Pflanzen setzen. Buschig aufrecht wachsende Pflanzen kommen in die Mitte, die Ränder des Korbes werden mit überhängenden Pflanzen bedeckt.

Gießen mit Köpfchen

Das Gießen dieses Arrangements ist etwas aufwendiger als das von Kästen am Geländer. In luftiger Höhe trocknet die Erde schneller aus und muss öfter auf Trockenheit überprüft werden. Ganz sicher bekommen Sie mit der Zeit ein Gefühl dafür, wann und wie viel gegossen werden muss. Um Kletterpartien zu vermeiden, befestigen Sie den Korb an einem Pflanzenlift, der ihn wie ein Flaschenzug nach unten holt. Praktisch sind auch Schläuche mit extra langem Gießstab. Sie können den Korb auch auf halbe Höhe hängen. Mit einer Kanne mit Giraffenhals erreichen Sie ihn so von allen Seiten. ■

PRAXISINFO

Hängekorb bepflanzen

Zeitbedarf: 30–45 Minuten

Material:

- ✗ Hanging Basket
- ✗ Einsätze aus Karton bzw. Kokosfaser oder Moos
- ✗ Substrat je nach Größe des Korbes (ca. 30 Liter)
- ✗ Granulierter Depotdünger (ca. 1 Teelöffel)
- ✗ Folie zum Schutz der Pflanzen beim Einsetzen
- ✗ Eimer als Hilfestellung
- ✗ Jungpflanzen, z.B. Verbene (*Verbena*-Hybriden), Fächerblume (*Scaevola*), Elfenspiegel (*Nemesia*)

So ein Kindergarten!

Kinder wissen meist recht früh, was sie später werden wollen: Nach einem Tag in der Blumenschule fürs Erste sogar Chef-Gärtner.

Pflanzen, pflegen und gießen wie die Großen – an keinem Ort werden so viele Sinne gleichzeitig angesprochen wie beim Gang durch die Kindergärtnerei. Die Pflanzen haben es aber auch in sich: Sie pieken, kitzeln und fühlen sich manchmal ganz putzig an. Und mit den Blüten von Duftgeranie und Ringelblume lohnt es sich auch, auf Schnupperkurs zu gehen. Geeignet sind Arten, die schnell wachsen und natürlich ungiftig sind. Ideal sind aber auch Gemüse, wie Radieschen oder die milde Zierpaprika-Sorte 'Medusa' als Naschbonus. Fehlt es dem Kasten noch an Farbe, können selbst die Kleinsten aktiv werden: Mit Stempeln oder Schablonen gelingt das Verschönern des Kastens immer. Viel Spaß macht es dann auch, Pflanzen wie Zinnien, Sonnenblumen oder Kapuzinerkresse direkt in den Kasten auszusäen:

- Groben Kiesel für guten Wasserabzug auf den Gefäßboden legen.
- Mit der Pflanzschaufel die Erde in den Balkonkasten schaufeln und randvoll füllen.
- Mit der flachen Hand die Erde im Kasten andrücken.
- Ein Häufchen Saatgut in die Hand nehmen und die Samen gleichmäßig mit zwei Fingern der anderen Hand ausstreuen.
- Eine dünne Schicht Erde über die frische Aussaat sieben und mit der Gießkanne leicht überbrausen.

Strahlend schön: Sonnenblumen, Margeriten und Glockenblumen sind die richtige Mischung für ungeduldige Klein-Gärtnermeister.

Sorgt für viel Wirbel im Kasten: Blumenstecker umfliegen jede Blüte mit Bravour.

Gartenarbeit, die auch den Kleinsten Spaß macht: Selbst bemalte Balkonkästen können ganz individuell gestaltet werden. Am einfachsten geht es mit der Schablonentechnik.

PRAXISINFO

Aufpeppen mit Schablonen-Malerei

Zeitbedarf: 30 Minuten

Material:

- ✗ Balkonkasten aus Holz oder Kunststoff
- ✗ wasserfeste Acrylfarbe
- ✗ Bleistift, Pinsel
- ✗ Schablone nach Wahl
- ✗ Klarlack

Werkzeug:

- ✗ Schere

Kästen bemalen

- ✗ Mit Acrylfarbe den sauberen Kasten grundieren.
- ✗ Gut trocknen lassen.
- ✗ Mit dem Stift etwa 5 cm oberhalb des Bodens an der Kastenseite eine Linie ziehen. Hier die Schablone anlegen.
- ✗ Mit einem Tupfenpinsel das Motiv der Schablone austupfen.
- ✗ Nach dem Trocknen alles mit Klarlack überpinseln.
- ✗ Beim Bepflanzen darauf achten, dass keine Erde die Motive beschmutzt.

Rundum gut versorgt

Pflanzen, die am richtigen Platz stehen und rundum gut versorgt sind, haben beste Chancen, auf Dauer vital und üppig zu wachsen.
Das regelmäßige Verabreichen von Wasser gehört dabei zu den wichtigsten Aufgaben. Am besten in den frühen Morgenstunden, dann sind Erde und Luft noch nicht aufgeheizt, sodass weniger Wasser verdunstet. Pro Meter Balkonkasten rechnet man mit durchschnittlich fünf Litern Wasser am Tag. Damit die Gießkannenschlepperei nicht zur Muskelarbeit wird, sind Bewässerungshelfer sinnvoll. Ideal für mehr als zwei oder drei Balkonkästen sind **Tonkegel**, die in die Erde gesteckt werden. Über einen Schlauch sind diese mit einem Wassertank verbunden. Die wassersaugende Wirkung des Tons sorgt dafür, dass jede Pflanze genau die richtige Menge Wasser bekommt.

Auch das Schneiden gehört mit zu einer guten Rundumpflege.

Automatische Systeme

In ähnlicher Weise, allerdings vom Wassernetz abhängig, arbeitet eine **Tröpfchenbewässerung**. Um das System in Gang zu setzen, muss man nur den Wasserhahn aufdrehen. Mit solch einer vollautomatischen Anlage können Sie beliebig viele Kästen einfach sich selbst überlassen und beruhigt in den Urlaub fahren. Noch bequemer geht es mit einer **Zeitschaltuhr**. Dabei sollten Sie bedenken, dass die Pflanzen auch bei Regen bewässert werden und so die Gefahr von Staunässe besteht. Bei hochwertigen Systemen bestimmen **Feuchtigkeitsfühler**, die unter der Erde liegen, exakt die Menge, die nachgeliefert werden muss. Dadurch bleibt die Erde feucht, ohne dass zu viel Wasser abgegeben wird. Fein dosierte Gaben sind ohnehin fachmännischer als heftige Gießstöße. Die Erde durchfeuchtet langsamer, aber gründlicher, und es ist gewährleistet, dass keine Stelle im Kasten trocken bleibt. Die Installation ist etwas aufwendig, rentiert sich jedoch bald.

Kraftfutter für Hochleistungen

Nachdem die Nährstoffe in der Erde aufgebraucht sind (je nach Arten und Wetter nach ca. 4–6 Wochen), heißt es, Stickstoff, Phosphat und wichtige Spurenelemente wie z. B. Eisen zu ersetzen. Dünger erfüllt diese Anforderungen. Optimal dosiert, sorgt er für ein langes Pflanzenleben. Häufigkeit und Menge der

Eine vollautomatische Tröpfchenbewässerung steuert Zeitpunkt und Gießlänge über einen Intervallschalter.

Gaben richten sich nach den Bedürfnissen Ihrer Pflanzen, der Witterung und der Düngerform. Zu unterscheiden sind mineralische und organische Dünger.

➤ Zu den **mineralischen** gehören flüssige und lösliche Präparate. Sie entfalten ihre Wirkung rasch, weil die Pflanzen sie schnell aufnehmen können, müssen jedoch wegen ihrer nur kurzzeitigen Wirkung regelmäßig verabreicht werden. Alle vierzehn Tage sollten Sie den Pflanzen 4 g pro Liter Wasser zuführen.

➤ Ein **organischer Dünger,** wie z. B. Hornspäne, versorgt die Pflanzen in Langzeitform. Die Nährstoffe wirken schrittweise, aber nachhaltig.

➤ **2-Phasen-Dünger** enthalten beides. Die erste Phase setzt die Nährstoffe sofort frei und deckt den Anfangsbedarf der Pflanzen. Die langfristige Versorgung wird durch die zweite Phase gesichert, in der die Nährstoffe über einen Zeitraum von sechs Monaten wirken. Praktisch vor allem, weil es Überdüngen ausschließt. ■

PRAXISINFO

Das Maß aller Dinge

✗ Düngen nach Gutdünken? Lieber nicht: Befolgen Sie stets die Anweisungen des Herstellers. Eine Überdosierung kann für Pflanzen das Ende bedeuten; eine Unterversorgung lässt sie kümmerlich aussehen.

✗ Welke-Symptome werden nicht nur durch Trockenheit, sondern auch durch Staunässe verursacht. Grund hierfür ist, dass bei Sauerstoffmangel die Wurzeln absterben. Die Pflanzen sind nicht mehr in der Lage, Wasser aufzunehmen, und vertrocknen.

CHECKLISTE

An alles gedacht

✔ Überprüfen Sie die Funktionsfähigkeit der Schläuche und Anschlüsse Ihrer Tröpfchenbewässerung – gerade am Anfang, wenn Sie mit dem System noch nicht so vertraut sind.

✔ Stellen Sie größere Zeitintervalle bei der automatischen Bewässerung ein, sobald die große Hitze vorbei ist.

✔ Gießen Sie nur so oft wie nötig, dafür aber umso gründlicher.

✔ Bei anhaltendem Sonnenschein und/oder Wind erhöht sich die Gießmenge.

Ein bisschen Pflege muss sein

Schon ein paar einfache Pflegemaßnahmen helfen Ihren Pflanzen, prächtig zu gedeihen und eine gute Figur zu machen.

Zu den wichtigsten vorbeugenden Maßnahmen zählt die Hygiene. Seifen Sie alle Balkonkästen vor dem Gebrauch gut ein und spülen Sie mit heißem Wasser nach. Das Gleiche gilt für Arbeitsgeräte: Reinigen Sie sie nach jedem Gebrauch – damit können Sie der Ausbreitung von Virus- und Pilzkrankheiten entgegenwirken.

Kontrollieren Sie auch die Blattunterseiten auf Schädlingsbefall.

Fein herausgeputzt

Blühpflanzen brauchen Aufmerksamkeit und regelmäßige Pflege. Auffällig geformte und verfärbte Pflanzenteile sollten Sie schnellstmöglich entfernen. Dies sorgt für einen schöneren Anblick und intensiviert gleichzeitig die Blüte. Schneiden Sie welke, abgestorbene und abgeknickte Triebe und Blütenköpfe mit einer Schere zurück (→ Abb. Seite 36). Setzen Sie den Schnitt immer kurz oberhalb eines Blattansatzes an. An dieser Stelle fasern die Stängel nicht so stark aus, was oftmals eine Eintrittspforte für Schädlinge ist. Ansonsten fallen übers Jahr nur wenige Pflege-Handgriffe an (→ Checkliste Seite 27).

Die Mischung macht's

Mischkultur ist nicht nur im Gemüsegarten angesagt. Ringelblumen, Weihrauch oder Lavendel sind für viele Schädlinge keine schmackhafte Variante und schrecken sie daher eher ab. Außerdem sind manche ledrige Blätter für viele Plagegeister zu kräftezehrend. Hierzu zählen Gewürzlorbeer, Stechpalme oder Spindelstrauch.

Nützlinge einladen

Sie können aber auch die natürlichen Feinde der Schädlinge, wie Marienkäfer oder Florfliegen, zu sich einladen. Um sie anzulocken, pflanzen Sie z. B. Sonnenhut, Gold-

>> schön und vielseitig

TIPP

Pflanzliche »Bodyguards«

- Kerbel vertreibt Ameisen, Läuse und Mehltau.
- Basilikum bietet Schutz vor Mehltau.
- Tagetes und Ringelblume dezimieren Schadinsekten.
- Zinnien locken Marienkäfer an, die Blattläuse vertilgen.
- Knoblauch wirkt gegen Pilzbefall.

Unter der Lupe sind Plagegeister auf den ersten Blick zu erkennen.

kamille, Margerite, Lavendel oder Pfefferminze. Auch andere Kräuter, wie Borretsch oder Fenchel, ziehen Nützlinge an. Diese können Sie entweder zwischen Ihre anderen Pflanzen setzen oder einen extra Kräuterkasten damit anlegen.

Schädlinge auf einen Blick

➤ Zu den häufigsten tierischen Schädlingen zählen die **Blattläuse**. Gerade in sehr heißen und schwülen Sommern oder in regenreichen Monaten kann man ihr massives Auftreten kaum verhindern. Sie verursachen verkrüppelte Pflanzenteile und verschmutzen die Blätter mit klebrigen Ausscheidungen. Ähnliche Symptome zeigen sich auch bei einem Befall mit **Weißer Fliege**. Zu Beginn eines Befalls können Sie die Insekten noch gut mit Gelbstickern abfangen.

➤ »Schlechtwetter« macht aber auch ein hartnäckiger **Pilz**, der die Pflanze mit mehlig-grauem Belag überzieht. Dieser **Echte Mehltau** kann genauso wie alle **Rost-Arten** (zu erkennen an rötlich braunen Flecken) mit einem Fungizid, also einem Pilzmittel, bekämpft werden. Bewährt haben sich z. B. Präparate auf Rapsöl- oder Lecithinbasis, kombiniert mit dem aus Pflanzen gewonnenen Wirkstoff Pyrethrum. Besprühen Sie die befallenen Pflanzenteile, bis sie tropfnass sind. Sollten sich die Pilzsporen danach immer noch ausbreiten, wiederholen Sie den Vorgang nach sieben Tagen.

➤ **Woll- oder Schmierläuse** sind mitunter nicht weniger hartnäckig: Die Läuse sitzen gut geschützt unter einem »Wattebäuschchen«, was ihre Bekämpfung erschwert. Um eine Ausbreitung zu verhindern, sollten Sie Hitzestau zwischen den Kästen vermeiden und deshalb die Pflanzen luftig stellen und sie nicht zu trocken halten. Anders bei feucht-warmem Wetter: Gießen Sie die Pflanzen eher sparsam. Sind auch hier ein wachsames Auge und die einfache Pflege nicht mehr ausreichend, versuchen Sie es mit schonenden Mitteln auf der Basis von Paraffinöl, Extrakten des Neembaums oder natürlichen Fettsäuren (im Gartenfachhandel). ■

PRAXISINFO

So beugen Sie vor

- ✗ Überprüfen Sie zweimal pro Woche Ihre Bepflanzungen auf Schädlingsbefall: Werfen Sie dabei sowohl einen Blick auf die Blätter als auch auf den ganzen Stängel.
- ✗ Schneiden Sie kranke, schwache Triebe zurück und entfernen Sie welke Blüten.
- ✗ Nehmen Sie befallene Pflanzen aus dem Kasten; schneiden Sie sie zurück und stellen Sie sie getrennt von den anderen auf. Erst wenn sie gesund nachwachsen, werden sie wieder eingepflanzt.

Balkonkästen überwintern

Solange die Temperaturen draußen nicht unter fünf Grad sinken, fühlen sich fast alle Pflanzen im Balkonkasten noch wohl.
Immerhin, je länger Sie Ihre Schützlinge den kalten Nächten aussetzen, desto dicker wird ihr »Pflanzenfell«, und

Kleiden Sie nicht winterfeste Kästen mit einem Mantel aus Stroh ein.

sie können sich besser vor Schädlingsbefall schützen. Spätestens mit den ersten Nachtfrösten heißt es jedoch: Abschied nehmen oder rein ins Haus! Bei welchen Arten lohnt sich das Überwintern?

➤ Viele krautige Sommerblumen wie Blaues Gänseblümchen, Nemesien, Petunien oder Zweizahn haben eine Lebensdauer von nur einem Jahr, und Sie können sie, nachdem sie ausgeblüht haben, getrost entsorgen. Das Gleiche gilt für Ranunkeln, Tausendschönchen und Vergissmeinnicht, also für kurzlebige zweijährige Pflanzen (→ Seite 7 und Tabellen ab Seite 52).

➤ Bei Arten, die leicht verholzen (z. B. Wandelröschen, Fuchsien oder Geranien), lohnt sich die Überwinterung durchaus. Winterharte Frühlingsblüher überdauern problemlos zwei oder drei Jahre im selben Substrat. Zu ihnen gehören z. B. Stiefmütterchen und Schöterich.

Stauden und Zwiebelpflanzen

➤ Tulpen, Narzissen oder Krokusse sterben gegen Ende des Frühlings ab; wenn Sie allerdings die **Zwiebeln** im Kasten lassen, treiben sie erneut aus. Die Blätter sollten Sie eine Weile stehen lassen, denn aus ihnen bildet die Zwiebel Nährstoffe für das nächste Jahr. Falls Sie Ihre Kästen nicht wegstellen möchten, die Blätter aber zu unattraktiv finden, setzen Sie einfach sommerblühende Pflanzen dazu.

➤ Die meisten **Blütenstauden** ziehen sich nach ihrer Blüte zurück, treiben im Frühjahr aber wieder aus. Am einfachsten ist es, Sie lassen sie frostsicher im Kasten stehen. Richtig gefährlich

TIPP

>> schön und vielseitig

Winterschmuck ohne Pflanzen

➤ Füllen Sie die Kästen mit Trockenschaum-Blöcken und stecken Sie abwechselnd Tannenzweige und Efeuranken hinein.

➤ Kleiden Sie die Kästen mit Moos aus. Stecken Sie gedrahtete Pinien- oder Kiefernzapfen in verschiedenen Größen in das weiche Bett.

Zu den wichtigsten Pflegemaßnahmen vor der Winterruhe gehört das Zurückschneiden von Stauden und Kräutern.

wird es für die Pflanzen dabei nur, wenn die Wurzeln im durchgefrorenen Boden kein Wasser aufnehmen können. Nicht selten kommt es vor, dass die Pflanzen eher vertrocknen als erfrieren.

➤ Geben Sie dem Kasten einen Winterschutz aus wärmeisolierendem Material. Luftpolsterfolie und Styroporplatten lassen sich am einfachsten auf die richtige Kastengröße zuschneiden.

➤ Damit das Ganze auch optisch seinen Reiz hat, verkleiden Sie Kasten und Material in Jute oder Sackleinen.

➤ **Empfindliche Arten** brauchen auch oberirdisch ausreichenden Schutz, z. B. durch ein Tomatenvlies. Wickeln Sie aber nicht mehr als zwei Lagen um die Pflanze; ihre Atmungsaktivität wird sonst zu stark eingeschränkt.

Ein heller, kühler Platz

Stellen Sie Ihre »Hausgäste« an einem hellen, frostfreien Ort auf. Von Ende Februar bis Anfang April können Sie sie zurückschneiden und gleich danach in neue Erde setzen. Das Überwintern bedeutet für alle Balkonblumen eine erschwerte Zeit, daher sollten Sie es Ihren Pflanzen so komfortabel wie möglich machen: Je kühler und heller der Raum, desto kräftiger starten sie in die nächste Saison. Falls Sie kein geeignetes Plätzchen haben, ist es allemal besser, Ihre Pflanzen geschützt draußen im Kasten zu überwintern, als sie auf dem Dachboden ihrem Schicksal zu überlassen.

Wohin mit den Abfällen?

Gartenbesitzer entsorgen ihre Pflanzen auf dem Kompost. Diejenigen, die nicht über einen Komposter verfügen, müssen mit der Biotonne vorlieb nehmen. Kleine Mengen lassen sich auf diese Weise immer wieder gut entsorgen. Bei größeren empfiehlt es sich, zur Grüngut-Annahmestelle zu fahren. Die gibt es in jeder größeren Stadt. Pflanzenreste und aufgebrauchte Erde werden kostenlos entgegengenommen. ■

PRAXISINFO

Fit in den Winter

- ✗ Schneiden Sie vor dem Einräumen auf jeden Fall erfrorene Triebe aus.
- ✗ Untersuchen Sie die Pflanzen noch einmal gründlich auf Krankheiten und Schädlinge.
- ✗ Geben Sie Pflanzen, die draußen bleiben, ausreichend Wärmeschutz. Als Material eignen sich Jutesäcke, Kokosfasermatten, Schilfmatten oder Vlies.
- ✗ Sorgen Sie für guten Wasserabzug.

Pflanzenporträts

Sommerblüher

Was wäre der Balkongarten ohne die prächtig blühenden Sommerblumen? Ihr besonderes Kennzeichen: Sie füllen in Windeseile Töpfe, Kübel und Balkonkästen. Auch deswegen, weil ihnen nur ein sehr kurzer Zeitraum zum Wachsen und Gedeihen zur Verfügung steht. Zu ihnen zählen alle Pflanzen, die im ersten, spätestens jedoch im zweiten Jahr nach der Aussaat zur Blüte gelangen, früh blühende Arten ebenso wie alle, die erst im Hochsommer mit intensiven Farben aufwarten. Allen gemein ist ihr Absterben nach der Blüte in unseren kühlen Klimaten. Darunter sind aber immer auch Arten zu finden, die in ihren Heimatländern dauerhafte Stauden sind. Bei uns erhalten sie sich durch ihre Samen, die sich, sobald wieder günstige Wachstumsbedingungen herrschen, schnell bis zur Blüte entwickeln. Im Handel finden Sie zudem ein großes Sortiment an Samen und Jungpflanzen.

Edel-Lieschen

Impatiens-Neuguinea-Gruppe

Höhe: 25–50 cm
Blütezeit: Mai–Oktober
einjährig gezogene Staude

➤ **Dauerblüher**

Aussehen: alle Blütenfarben außer blau, z. B. weiß, rosa, orange, magenta, dunkelrot, lila; Blätter mit gelber Mitte
Wuchs: aufrecht kompakt wachsend; Pflanze ist oft genauso hoch wie breit
Pflege: putzt sich nicht allein aus, sodass welke Blüten und Blätter immer wieder herausgekniffen werden sollten; ausreichend wässern
Besonderheit: blüht selbst an sehr schattigen Stellen, an denen andere Pflanzen kaum die Blüten öffnen

Fuchsie

Fuchsia-Hybriden

Höhe: 20–80 cm
Blütezeit: Mai–Oktober
z.T. immergrüner Strauch

➤ **Charakterpflanze**

Aussehen: einfache, halb gefüllte und gefüllte Blüten in Rot, Weiß und Purpur; Kelchröhre oft anders gefärbt
Wuchs: aufrechte Arten können zu kompakten Büschen, Hochstämmen oder Spalieren gezogen werden; hängende Sorten eignen sich für Ampeln
Pflege: regelmäßige Grund- und Nachdüngung; bei Wassermangel fallen die Blüten ab, daher öfter besprühen
Besonderheit: toleriert auch sehr schattige oder sehr sonnige Lagen

pflegeleicht · Sonne · Halbschatten · Schatten

Geranie

Pelargonium-Hybriden

Höhe: 20–50 cm
Blütezeit: April–Oktober
weichholziger Halbstrauch

➤ **üppiger Klassiker**

Aussehen: das Blütenspektrum reicht von Rot- oder Rosatönen über lachs bis weiß (außer gelb), einfach bis gefüllt blühend
Wuchs: buschig stehend (*P.-Zonale*-Hybriden); hängend mit langen Trieben (*P. peltatum*)
Pflege: verträgt Trockenzeiten, vom Frühjahr bis Sommerende sollte sie aber regelmäßig gewässert werden
Besonderheit: von Natur aus buschig; neue Stellarpelargonien mit sternförmigen Blüten und gezackten Laubblättern

Margerite

Argyranthemum frutescens

Höhe: 30–80 cm
Blütezeit: April–Oktober
sommergrüner Strauch

➤ **gut windverträglich**

Aussehen: Blüten meist weiß; es gibt aber auch Sorten mit gelben, rosa- oder pinkfarbenen Blüten, einfach oder gefüllt
Wuchs: aufrecht wachsend, selten über 1 m hoch, buschig; auch als Stämmchen
Pflege: gleichmäßige Wasserversorgung ohne Staunässe lässt Margeriten lange blühen; Verblühtes immer gleich abschneiden
Besonderheit: Überwinterung lohnt sich nur bei älteren, bereits verholzten Exemplaren

Petunie

Petunia in Arten und Sorten

Höhe: 30 cm
Blütezeit: April–Oktober
einjährig gezogene Staude

➤ **sehr schnell wachsend**

Aussehen: aufrechte, hängende, klein- oder großblumige, gefüllte oder einfache Blüten in fast allen Farben
Wuchs: langtriebig; *P.-pendula*-Sorten haben niederliegende oder hängende Triebe
Pflege: monatlich düngen; Stutzen und Entfernen welker Blüten fördert neue Triebe
Besonderheit: wichtige Gruppen: Grandiflora (große, flache Blüten), Multiflora (kompakte und kleine Blüten); Neuzüchtungen der Multiflora-Hybriden sind robuster

giftig | viel gießen | mäßig gießen | im Haus überwintern | winterfest

Stauden

Zu den Stauden zählt man alle mehrjährigen krautigen Pflanzen. Ihre oberirdischen Triebe sterben im Herbst ab, während ihre Wurzeln im Boden überdauern. Im Frühling treiben die Pflanzen mit Hilfe so genannter Erneuerungknospen dann wieder aus. Rudbeckien, Glockenblume oder Mädchenauge sind beliebte Stauden, an denen das Gartenjahr in seinem Kommen und Gehen besonders deutlich wird. Im Unterschied zu den Sommerblumen leben Stauden länger und brauchen nicht jedes Jahr neu gepflanzt zu werden. Allerdings sollte man sie zu gegebener Zeit verjüngen, da sie, anders als Ziergehölze, recht früh ihren ausgewachsenen Zustand erreicht haben. Hierbei wird die Pflanze mitsamt Wurzelstock geteilt; ihre Blätter und Wurzeln werden etwas eingekürzt und nach einem Tauchbad wieder eingepflanzt. In jungen Jahren fördert daher ein Rückschnitt die Bildung neuer Triebe und einen kompakten, gleichmäßigen Wuchs.

Alpenveilchen

Cyclamen in Arten

Höhe: bis 30 cm
Blütezeit: Oktober–März
mehrjährige Knollenpflanze

➤ **lange Blütezeit**

Aussehen: Blüte purpurrot bis rosa oder weiß; manchmal mit einem anderen Farbton umrandet oder gekräuselt; herzförmiges Blatt
Wuchs: nicht sehr ausladend; aufrecht wachsend
Pflege: während des Wachstums dankbar für mehr Wassergaben, im Sommer aber eher trocken halten; ungestört werden die Knollen jedes Jahr größer und blühen immer häufiger
Besonderheit: so genannte Midi-Typen vertragen leichte Fröste bis minus 5 °C

Fetthenne

Sedum telephium 'Herbstfreude'

Höhe: 50 cm
Blütezeit: August–Oktober
immergrüne Staude

➤ **tolle Blütenfärbung** ✿

Aussehen: rosa Blütenköpfe, später dunkelrot; Blätter dickfleischig, graugrün
Wuchs: straff aufrecht; im Alter vieltriebig und buschig
Pflege: bevorzugt nährstoffreiche, gut durchlässige Erde; unbedingt auf guten Wasserabzug achten; ihre Blätter bekommen bei Düngermangel schnell Chlorosen (Verfärbungen); im Winter gießen, aber mäßig
Besonderheit: Blüten über Winter stehen lassen, liefern mit den Blättern bei tiefen Temperaturen ein tolles Farbspiel

✿ pflegeleicht   Sonne   Halbschatten   Schatten

Glockenblume
Campanula-Arten

Höhe: bis 30 cm
Blütezeit: April–August
kriechende Staude

➤ **sehr wuchsfreudig**

Aussehen: Blüten glocken- oder sternförmig in Blau, Weiß, Rosa, Purpur; Blatt krautig
Wuchs: meist zwergwüchsig und ausladend; *C. carpatica* wächst in die Breite, zieht sich im Winter zurück; *C. poscharskyana* wächst hängend, ist wintergrün
Pflege: während des Wachstums reichlich gießen; einmal monatlich flüssiger Volldünger
Besonderheit: Blütenfarbe ist im Schatten dauerhafter; verbreitete Sorten sind *C. carpatica* 'Blue Clips' und 'White Clips'

Mädchenauge
Coreopsis grandiflora

Höhe: 30–60 cm
Blütezeit: Juni–Oktober
buschig wachsende Staude

➤ **besonders blühfreudig**

Aussehen: Blüte sonnen- und goldgelb mit rotbraunem Ring, einfach und halb gefüllt
Wuchs: buschig und kompakt
Pflege: verträgt weder Staunässe noch lang anhaltende Trockenheit; bildet in gut gedüngtem Substrat Blütenteppiche
Besonderheit: größer werdende Sorten sollten zum Teil gestützt werden; kompakte Sorten wie 'Badengold' oder 'Early Sunrise' von *C. grandiflorum* sind besonders für Balkonkästen geeignet

Storchschnabel
Geranium 'Rozanne'

Höhe: bis 40 cm
Blütezeit: Mai–Oktober
immergrüne Staude

➤ **vielseitig einsetzbar**

Aussehen: wird oft mit Geranie (= *Pelargonium*) verwechselt; fünfblättrige Blütenblätter in Blauviolett mit weißer Mitte; Laubblatt ist handförmig geteilt, oft mit schöner Herbstfärbung; wintergrün
Wuchs: strauchförmig kompakt; bildet Ausläufer
Pflege: Rückschnitt fördert zweite Blüte; Staunässe unbedingt vermeiden
Besonderheit: nach der Blüte bilden sich eigenwillig gestaltete Blütenstände; eignet sich auch gut als Ampelpflanze

giftig | viel gießen | mäßig gießen | im Haus überwintern | winterfest

Frühjahrs- und Herbstblüher

Auch Frühjahrs- und Herbstblüher können ein- oder zweijährig sein. Sie unterscheiden sich von ein- oder zweijährigen Sommerblumen nur in ihrer besonders frühen oder späten Blütezeit. In der Gärtnerwelt zählt man außerdem mehrjährige Arten, die mit ihrer Knolle, Zwiebel oder ihrem Wurzelstock im Boden überwintern, zu den Frühjahrs- und Herbstblühern. Narzissen und Dahlien sind hierfür gute Beispiele. Die im Februar und Oktober blühenden Pflanzen sind für eine Dauerbepflanzung einfach unverzichtbar, ebenso wie alle Topfastern und die einjährigen Erika-Sorten. Ob als erste Farbtupfer im Kasten oder als warmer Ausklang für alle Gehölze – mit ihnen verlängern Sie die Balkonsaison. In den letzten Jahren haben gerade neue Züchtungen vieler früh und spät blühenden Arten den Pflanzenmarkt erobert, die es Ihnen ermöglichen, lückenlos zu gärtnern.

Frühlingsprimel

Primula acaulis

Höhe: 10–20 cm
Blütezeit: Januar–April
sehr früh blühende Staude

➤ **vielseitige Farben** ✿

Aussehen: zahllose Farbtöne von Gelb bis Violett sowie Blau und Weiß, zweifarbig, gefüllte, gerüschte oder gefranste Blüten
Wuchs: rosettenförmig; bildet langsam, aber stetig einen Blütenteppich aus
Pflege: Entfernen welker Blüten verlängert die Blütezeit; Düngung nur mäßig, etwa ein- bis zweimal im Monat
Besonderheit: Pflanzen nicht zu warm stellen; bei 10–12 °C entwickeln sich wunderschöne Blüten, die sehr lange halten; wichtig: frostfreie Pflanzzeit

Heidekraut

Calluna vulgaris

Höhe: 5–25 cm
Blütezeit: Juni–Dezember
immergrüner Zwergstrauch

➤ **wertvoller Herbstblüher** ✿

Aussehen: alle Arten in Farben zwischen Weiß, Rosa und Rotviolett; »blaue« oder »gelbe Sorten« wurden mit Sprühdose eingefärbt; Blätter nadelartig
Wuchs: im Alter stark in die Breite und Höhe wachsend
Pflege: bevorzugt Azaleenerde; wächst in zu nährstoffreicher Erde nur unbefriedigend; Rückschnitt nach der Blüte bewirkt kompakten Wuchs
Besonderheit: Knospenblüher »Garden Girls«, die nach dem 20. September ausfärben, halten drei bis vier Monate

✿ pflegeleicht · Sonne · Halbschatten · Schatten

Herbst-Chrysantheme
Chrysanthemum in Arten

Höhe: bis 40 cm
Blütezeit: August–November
immergrüne Staude

➤ **prächtiges Farbspiel**

Aussehen: Blüten von Weiß, Rosa, Gelb bis zu verschiedenen Bronzetönen, gefüllt und einfach; Blätter eingeschnitten
Wuchs: eintriebige und mehrtriebige Arten; weder in Höhe noch Breite starker Zuwachs
Pflege: nährstoff- und humusreiches Substrat; Gaben mit einem kaliumbetonten Dünger fördern die Blütenbildung
Besonderheit: manche Arten sind nur bedingt frosthart; werden sie bei leichten Frösten abgedeckt, verlängert sich die Blütezeit um ein paar Tage

Hornveilchen
Viola cornuta

Höhe: 15–25 cm
Blütezeit: Jan.–Mai/Okt.–Nov.
immergrüne Staude

➤ **schön als Ampelpflanze**

Aussehen: Blüten hellblau bis violett, gelb, weiß, rot, Kreuzungen mit unzähligen Farbkombinationen; Blatt klein und herzförmig
Wuchs: buschig kompakt
Pflege: Erde mit luftführenden Zuschlagstoffen verwenden; bei Rückschnitt blüht sie ein zweites Mal im Jahr; gleichmäßige Feuchtigkeit und mäßige Düngung fördern neue Blüten
Besonderheit: sät sich selber aus; nicht alle Sorten sind langlebig und winterhart

Zwergdahlie
Dahlia-Hybriden

Höhe: bis 40 cm
Blütezeit: Mai–Oktober
nicht winterharte Knolle

➤ **gute Haltbarkeit**

Aussehen: leuchtende Farben bis zu gedämpften Pastelltönen, gefüllte, einfache, pompon- oder sternförmige Blüte
Wuchs: bleibt kompakt und wächst eher in die Höhe als in die Breite; nicht zu eng setzen, da Gefahr von Grauschimmel
Pflege: flüssige Düngegaben in kleinen Einheiten, zwei- bis dreimal im Monat gegeben, regen die Blüte an
Besonderheit: Zwergformen wie ‘Micronetta’ werden in der Regel nur einjährig kultiviert; die Knolle frostfrei lagern

Gehölze und Schmuckpflanzen

Gehölze können in sommergrüne, laubabwerfende und immergrüne Arten eingeteilt werden. Vor allem die immergrünen Sträucher geben der Bepflanzung, besonders im Winter, Struktur und Halt. Sie bieten darüber hinaus einen hervorragenden Hintergrund für ihre sommergrünen Nachbarpflanzen.
Weitere Vorteile sind nicht zu übersehen: Ein immergrünes Ensemble aus Buchsbaum oder kleinen Koniferen lässt erst gar keine Wintertristesse aufkommen.
Ähnlich sieht es bei den Blattschmuckpflanzen aus: Goldgelbe, silbergraue oder mit weißen Äderchen durchzogene Blätter zieren die ansonsten geräumten Balkonkästen über die kalten Monate hinaus. Nicht unterschätzen sollte man auch den Stellenwert der Strauchpflanzen, deren Beeren Akzente setzen. Stechpalme und Fruchtmyrte zählen hierbei zu den absoluten Lieblingen.

Günsel

Ajuga reptans

Höhe: 5–20 cm
Blütezeit: April/Mai
vielgestaltige Staude

➤ **attraktives Blatt** ✤

Aussehen: Scheinähre mit blauen Blüten; interessanter sind die purpurfarbenen, weiß- oder gelbgrünen Blätter
Wuchs: langsam wachsend, breitet sich durch Ausläufer jedoch stark aus; im Kasten leicht überhängende Form
Pflege: braucht kaum Pflege, durch Lichtmangel (wegen des sehr kompakten Wuchses) verwelkte Blätter einfach auskneifen
Besonderheit: alle Arten lassen sich gut und schnell durch Teilung vermehren

Japan-Segge

Carex morrowii 'Icedance'

Höhe: bis 40 cm
Blütezeit: Mai
immergrüne Staude

➤ **hoher Zierwert** ✤

Aussehen: Blüte unscheinbar; weiß gestreifte Halme; dabei werden die grünen Blätter von einem fast weißen Streifen sauber und eindeutig umrandet
Wuchs: kompakt ohne Ausbreitungsdrang
Pflege: anspruchslos und absolut tolerant gegenüber warmen Standorten, dann sollte der Boden allerdings immer ausreichend feucht sein
Besonderheit: hebt sich durch die Panaschierung aus der grünen Pflanzenmasse sehr schön hervor

✤ pflegeleicht · Sonne · Halbschatten · Schatten

Purpurglöckchen

Heuchera-Arten

Höhe: bis 40 cm
Blütezeit: Mai–Juli
immergrüne Staude

➤ **zierende Blattschönheit**

Aussehen: zierlich nickende scharlach- oder korallenrote, rosa und weiße Glockenblüten
Wuchs: kompakte Blattbüsche; Blütenglöckchen an langen, zierlichen Stielen
Pflege: nicht besonders anspruchsvoll; gedeiht in jedem Substrat; verblühte Blütentriebe entfernen und ältere Pflanzen alle drei bis vier Jahre teilen
Besonderheit: gezähnte oder gezackte, oftmals auch rundliche Blätter in Bronzefarben, Purpur oder Goldgelb mit hohem Zierwert

Rebhuhnbeere

Gaultheria procumbens

Höhe: bis 15 cm
Blütezeit: Juli–August
immergrüner Strauch

➤ **leuchtend rote Beeren**

Aussehen: Blüte eher unscheinbar, rosafarben und weiß; Blätter sind klein und rundlich, verfärben sich im Herbst tiefrot
Wuchs: breitet sich durch kriechende Stiele weiter aus, dies aber eher langsam
Pflege: benötigt so gut wie keine Aufmerksamkeit; verwelkte Blätter sollten gelegentlich herausgeschnitten werden
Besonderheit: aus den weißen, hängenden Blüten entwickeln sich rote Beeren, die ihre Farbe bis in den Winter behalten

Spindelstrauch

Euonymus fortunei

Höhe: 30 cm
Blütezeit: Juni
immergrünes Gehölz

➤ **sehr anspruchslos**

Aussehen: Blüte unscheinbar in Gelb; grünweißes Blatt, Herbstfärbung leicht rötlich
Wuchs: mattenförmiger Wuchs, klettert aber auch an Wänden oder Spalieren hoch
Pflege: anspruchslos und absolut tolerant gegenüber Temperaturschwankungen; nur Trockenheit vor dem Winter verträgt die Pflanze nicht gut
Besonderheit: weißbunte Arten fühlen sich in der Sonne wohler, da sich ihre schöne Panaschierung intensiver ausfärbt

giftig · viel gießen · mäßig gießen · im Haus überwintern · winterfest

Weitere Pflanzen

Einjährige Balkonblumen

Name	Licht	Blütezeit Blütenfarbe	Wuchshöhe	Ansprüche, Besonderheiten
✿ **Asteriskus** *Asteriscus maritimus*	☼	Mai–Okt. goldgelb	15–25 cm	leicht hängender Wuchs; toleriert Gießpausen; Überwinterung
✿ **Australisches Goldknöpfchen** *Helichrysum apiculatum*	☼	Aug.–Okt. goldgelb	20–40 cm	Knöpfchenblüten über schmalem, silbergrauem Laub; hitzetolerant
✿ **Aztekengold** *Sanvitalia speciosa*	☼	Mai–Okt. gelb mit grüngelber Mitte	20–60 cm	kompakt wie auch locker wachsend; unermüdlicher Blüher
Buntnessel *Solenostemon scutellarioides*	☼ ◐	Aug.–Okt. hellblau, unscheinbar	25–40 cm	bunte, auffällige Blattzeichnungen in Violett, Rot, Gelb, Grün
Elfenspiegel *Nemesia strumosa*	☼	Juni–Aug. weiß, gelb, orange, rot, blau	20–40 cm	Sunsatia-Sorten sind sehr reichblütig, wetterresistent und robust
Elfensporn *Diascia*-Arten	☼ ◐	Aug.–Okt. von hellrosa bis dunkelrot	20–40 cm	Wuchs buschig-kräftig, z.T. überhängend; kein Samenansatz
✿ **Fleißiges Lieschen** *Impatiens walleriana*	◐ ●	Mai–Okt. weiß, rosa, orange, rot	15–20 cm	gefüllte Sorten; viel gießen; bildet schöne Blütenteppiche
✿ **Gazanie** *Gazania rigens*	☼	Mai–Okt. weiß, gelb, orange, rosa	15–25 cm	verträgt gut Trockenzeiten; hübsches weißfilziges Laub
Geranie *Pelargonium crispum*	☼	Mai.–Okt. weiß-pink	20–40 cm	Sorte 'Randy' robust, wüchsig, unanfällig; geringer Wasserbedarf
Hahnenkamm *Celosia argentea*	☼	Mai–Okt. gelb, rosa-violett	20–50 cm	Blütenähren bis 8 cm; kühle Temperaturen fördern Blütenfärbung
Kapkörbchen *Osteospermum ecklonis*	☼	Juni–Sept. weiß/blau, gelb, rosa, apricot	40–60 cm	margeritenähnliche Blüten; z.T. verdrehen sich die Blütenblätter
Leberbalsam *Ageratum houstonianum*	☼ ◐	Mai–Okt. blau, violett, weiß, rosa	10–20 cm	kompakt wachsend; bildet kleine Polsterkissen aus; wetterfest
✿ **Mittagsblume** *Dorotheantus bellidiformis*	☼	Juni–Sept. weiß, gelb, karmin, magenta	10 cm	mäßig gießen; geringe Nährstoffgaben; öffnet die Blüten nur bei Sonne
✿ **Prachtsalbei** *Salvia splendens*	☼	Mai–Sept. rosa, lachs, rot, violett	20–25 cm	einfach oder rispig verzweigte Blütentrauben; kompakt wachsend
✿ **Ringelblume** *Calendula officinalis*	☼	Juni–Okt. gelb, orange	20–30 cm	starker Duft; Wurzelextrakte vertreiben Schädlinge; mäßig gießen

Name	Licht	Blütezeit Blütenfarbe	Wuchshöhe	Ansprüche, Besonderheiten
✿ **Studentenblume** *Tagetes patula*	☼	Mai–Okt. gelb, orange, rotbraun	18–40 cm	nelkenblütig; zweifarbige, gefüllte Sorten; herber Duft
Vanilleblume *Heliotropium arborescens*	☼ ◐	Mai–Okt. dunkelblau	20–40 cm	samtweiche Blätter; starker Vanilleduft; Überwinterung möglich
Verbene *Verbena*-Hybriden	☼	Mai–Okt. weiß, rosa, violett, rot, lachs	15–30 cm	Superbena-Sorten in außergewöhnlichen Farben; Mehltau-Toleranz
Ziertabak *Nicotiana × sanderae*	☼	Juni–Okt. weiß, gelb, hellgrün, rosa, rot	30–75 cm	entfaltet abends angenehmen Duft; Verblühtes entfernen
✿ **Zinnie** *Zinnia elegans*	☼	Juli–Sept. alle außer blau	30–90 cm	gefüllte und ungefüllte Blüten, kräftige Farben; lockt Marienkäfer an
✿ **Zwergstrohblume** *Bracteantha bracteata*	☼	Aug.–Okt. weiß, gelb, orange, magenta	20–40 cm	Blüten eignen sich zum Trocknen; selbstreinigend; mäßig gießen

Ampel- und Hängepflanzen

Name	Licht	Blütezeit Blütenfarbe	Wuchshöhe	Ansprüche, Besonderheiten
Blaue Fächerblume *Scaevola saligna*	☼ ◐	Mai–Okt. blauviolett, weiß	30–50 cm	Wuchs buschig; gute Verzweigung; ohne Blühpause; mäßig gießen
Blaues Gänseblümchen *Brachyscome multifida*	☼ ◐	Mai–Okt. blau, rot, weiß	20–30 cm	kompakt-ausladend; enorm reich blühend; viel gießen
✿ **Gartennelke** *Dianthus caryophyllus*	☼	Juni–Okt. weiß, gelb, orange, rosa, rot	20–40 cm	neue überarbeitete Züchtungen; angenehmer Duft; wetterfest
Goldmarie *Bidens ferulifolia*	☼	Mai–Okt. gelb mit goldbrauner Mitte	20–50 cm	im Sommer gut nachdüngen; lange Triebe zurückschneiden
Knollenbegonie *Begonia tuberhybrida*	◐	Mai–Okt. weiß, lachs, rosa, orange, rot	40–80 cm	große, gefüllte, z.T. gefranste Blüten; sehr wärmebedürftig
Millionenblütige Petunie *Calibrachoa* 'Million Bells'	☼	Mai–Okt. alle Farben	30–50 cm	Rückschnitt fördert neue Blüte; sehr nährstoffbedürftig
✿ **Portulakröschen** *Portulaca grandiflora*	☼	Juni–Okt. alle außer blau	10–15 cm	verdickte Blätter speichern Wasser, erträgt so auch Trockenheit
Schneeflockenblume *Sutera diffusus*	☼ ◐	April–Okt. weiß, rosa, flieder, perlmutt	20–40 cm	bei Sutera-Nova-Sorten doppelt große Blüten; kräftig im Wuchs
Wandelröschen *Lantana-Camara*-Hybriden	☼	Aug.–Okt. dunkelblau	20–40 cm	enorme Blühkraft; viel gießen; Überwinterung lohnend; stark duftend

Frühlingsblüher

Name	Licht	Blütezeit Blütenfarbe	Wuchshöhe	Ansprüche, Besonderheiten
Buntschöterich *Erysimum linifolium*	☼	Febr.–Mai lila	20–35 cm	mehrjährig; leuchtend rahmgelb-panaschierte Blätter; frostfest; schwach düngen
Hayzinthe *Hyacinthus orientalis*	☼	März–April weiß, rosa, blau, violett	10–25 cm	Zwiebelpflanze; duftend; mäßig gießen; nach Blüte nicht schneiden
Krokus *Crocus*-Arten	☼	Febr.–April alle Farben	5–10 cm	Zwiebelpflanze; kräftige Farben; Staunässe vermeiden; z.T. giftig
Kugelprimel *Primula denticulata*	☼	Febr.–April weiß, rosa, pink	15–25 cm	Staude; große, langstielige Blütenbälle; für kontrastreiche Pflanzungen
Narzisse *Narcissus*-Arten	☼	März–Mai weiß, hell- bis goldgelb	10–40 cm	Zwiebelpflanze; Trichter- u. Glockenblüten; Dränageschicht auf Kastenboden; giftig
Ranunkel *Ranunculus asiaticus*	☼	April–Juni weiß, gelb, rosa, rot, violett	15–35 cm	mehrjährige Knollenpflanze; große, gefüllte Blüten; verträgt leichte Spätfröste
✿ **Stiefmütterchen** *Viola × wittrockiana*	☼	Jan.–Mai; Okt.–Nov. alle Farben	10–15 cm	zweijährig; große Formen- und Farbvielfalt; Verblühtes entfernen
Strahlenanemone *Anemone blanda*	☼	März–Mai weiß, rosa, blau, violett	10–15 cm	mehrjährige Knollenpflanze; schön mit gelben Sorten; feucht halten
✿ **Tausendschön(chen)** *Bellis perennis*	☼ ◐	März–Mai weiß, rosa, rot	10–25 cm	zweijährig; großblumige Sorten; kompakter Wuchs; mäßig gießen
✿ **Tulpe** *Tulipa*-Arten	☼ ◐	März–Mai alle Farben	10–40 cm	Zwiebelpflanze; gefüllte, gefranste, zweifarbige Blüten; nährstoffarme Erde
Vergissmeinnicht *Myosotis*-Hybriden	☼ ◐	März–Juli weiß, rosa, blau	15–30 cm	zweijährig; kompakter Wuchs; kräftige Blütenfarbe bei mäßigem Gießen

Herbstschönheiten

Name	Licht	Blütezeit Blütenfarbe	Wuchshöhe	Ansprüche, Besonderheiten
✿ **Besenheide** *Calluna vulgaris*	☼	Aug.–Nov. weiß, rosa, violett, gelb	10–25 cm	immergrüne Staude; lockt Bienen an; Rückschnitt erforderlich
✿ **Bleiwurz** *Ceratostigma plumbaginoides*	☼	Juni–Okt. enzianblau	25–40 cm	immergrüne Staude; Blätter färben sich im Herbst kräftig rot; liebt sauren Boden
Bunt-Segge *Carex hachijoensis* 'Evergold'	◐	April/Mai unscheinbar	20 cm	winterhartes Gras; schmale, gelb gestreifte Blätter; bogig überhängender Wuchs

	Name	Licht	Blütezeit Blütenfarbe	Wuchshöhe	Ansprüche, Besonderheiten
✿	**Erika** *Erica gracilis*	☼	Juli–Okt. weiß, rosa, rot	20–30 cm	einjährig; sehr lange Blütezeit; viel gießen; nicht winterhart; kräftige Farben
✿	**Kalmus** *Acorus gramineus*	☼ ◐	Juni–Okt. unscheinbar	15–20 cm	winterhartes Gras mit weichen Halmen; liebt feuchtes Substrat
✿	**Raublattaster** *Aster novae-angliae*	☼ ◐	Aug.–Nov. weiß, rosa, rot, violett, blau	bis 60 cm	Staude; nährstoffreiches, feuchtes Substrat; Sorte ‘Purple Dome’ kompakt
	Rutenhirse *Panicum virgatum*	☼	Aug.–Nov. unscheinbar	120–170 cm	winterhartes Gras; duftige Blüten; Blätter z.T. mit schöner Herbstfärbung
✿	**Silberrandchrysantheme** *Ajania pacifica*	☼	Juni–Okt. goldgelb	15–20 cm	Staude; schöne Blattzeichnung; winterhart; sehr langer Flor
	Wolliger Lavendel *Lavandula lanata*	☼	Aug.–Okt. dunkelblau	20–40 cm	mehrjähriges Kraut; Lavendelduft; wollige, graue Blätter; braucht Winterschutz
✿	**Zierkohl** *Brassica oleracea*	☼ ◐	Mai–Aug. entfällt	15–35 cm	einjährig; Blätter verfärben sich mit zunehmender Kälte; Schmuckpflanze

Immergrüne Winterbelaubung

	Name	Licht	Aussehen	Wuchshöhe	Ansprüche, Besonderheiten
	Buchsbaum *Buxus sempervirens*	☼ ◐	satte, dunkelgrüne Blätter	20–40 cm	durch Schnitt beliebig formbar; Strukturpflanze; viel gießen; giftig
	Eberraute *Artemisia abrotanum*	☼	zierliche, dunkelgrüne Blätter	60 cm	unscheinbare, gelbliche Blüten; stark duftendes Laub
✿	**Efeu** *Hedera* in Arten	◐	schön gezeichnete Blätter	20–80 cm	stehende, hängende, kletternde Sorten; sehr wetterfest; giftig
✿	**Heiligenkraut** *Santolina chamaecyparissus*	☼	feinlaubiges, silbriges Blatt	20–30 cm	buschig-kugeliger Wuchs; im Frühjahr goldgelbe Blütenknöpfe
✿	**Houttuynie** *Houttuynia cordata*	◐	silbergraues, eichenähnliches Laub	20–30 cm	sehr dekorativ und ausdauernd; Rückschnitt möglich; mäßig gießen
✿	**Japanische Stechpalme** *Ilex crenata*	☼ – ●	immergrünes Blatt, z.T. goldgelb	60–150 cm	Blätter an Buchs erinnernd; gut schnittverträglich
✿	**Silberblatt** *Senecio cineraria*	☼	kräftig creme-rotgrünes Laub	15–30 cm	grünweiße Blüten; kriechend, buschiger Wuchs; feuchter Boden

Immergrüne Winterbelaubung (Fortsetzung)

Name	Licht	Aussehen	Wuchshöhe	Ansprüche, Besonderheiten
Silberglanznessel *Lamium maculatum*	◑ ●	silbrig gefleckte Blätter	20–25 cm	wintergrüner Bodendecker; weiße, rosa, und rote Blüten; bildet lange Triebe
Torfmyrte *Gaultheria mucronata*	◑ ●	ab Herbst zahlreiche Beeren; rot, rosa oder weiß	bis 60 cm	sattgrüne, kleine Blätter; in Rhododendronerde pflanzen
✿ **Ziererdbeere** *Fragaria*-Hybriden	☼ ◑	gezähntes Blatt mit roter Ausfärbung	20–40 cm	lange Ranken; rote oder weiße Blüten; Früchte im Herbst; viel gießen
✿ **Zwerg-Kiefer** *Pinus mugo* in Sorten	☼	dunkelgrüne Nadeln in Büscheln	40–60 cm	halbkugelige Zwergform; Strukturpflanze; gleichmäßige Feuchte

Mehrjährige Blütenpflanzen

Name	Licht	Blütezeit Blütenfarbe	Wuchshöhe	Ansprüche, Besonderheiten
✿ **Bergenie** *Bergenia*-Hybriden	☼ – ●	März–Mai weiß, rosa, purpur	20–50 cm	Staude; Glockenblüten; große, glänzende Blätter; im Winter bronzefarben
✿ **Funkie** *Hosta*-Hybriden	◑ ●	Juni–Aug. weiß, hellblau, violett	bis 60 cm	Staude; Blattschmuck; anspruchslos; mäßig gießen; toller Schattenblüher
✿ **Hortensie** *Hydrangea macrophylla*	◑	Mai–Sept. weiß, blau, rosa, violett	bis 60 cm	Gehölz; auffällig große Blütendolden; verträgt Rückschnitt; viel gießen
Japanische Azalee *Azalea*-Hybriden	◑ ●	Mai–Juni alle außer blau	50–150 cm	immergrünes Gehölz; besonders reich blühend; saures, frisches Substrat
Nachtkerze *Oenothera*-Arten	☼	Juni–Aug. zitrusgelb	20–40 cm	Staude; polsterartiger Wuchs; verträgt vorübergehende Trockenheit
Prachtspiere *Astilbe*-Arten	☼ ◑	Juni–Sept. weiß, creme, rosa, rot	20–60 cm	Staude; auffällig hohe fedrige Blütenstände; viel wässern; setzt Akzente
✿ **Präriekerze** *Gaura lindheimeri*	☼	Mai–Okt. weiß, rosa, pink	bis 60 cm	Staude; bringt Höhe und Struktur; reich blühend, Rückschnitt nach Blüte
Rose *Rosa* in Arten	☼	April–Okt. alle außer blau	20–40 cm	Halbstrauch; attraktive Düfte; 2. Flor nach Rückschnitt; braucht Winterschutz
Wolfsmilch *Euphorbia*-Hybriden	☼	April–Mai grün, gelb, rot	20–40 cm	Staude; Blätter der Sorte 'Despina' türkisblau bereift; gute Winterhärte; giftig

Balkongemüse

Name	Licht	Aussaat Pflanzung	Ernte	Ansprüche, Besonderheiten
Mangold *Beta vulgaris* subsp. *cicla*	☼ ◑	ab Ende April Direktsaat	Juli–Sept.	interessanter Blattschmuck; bis 40 cm Höhe; gefärbte Stängel
Paprika *Capsicum annuum*	☼	Ende April als Jungpflanze	ab Juli/Aug.	Frucht grünreif oder vollreif (farbig) ernten; erste Blüten entfernen
Pflücksalat *Lactuca sativa* var. *crispa*	☼ ◑	ab Mitte Mai Direktsaat	ab Juni fortlaufend	untere Blätter ernten; gleichmäßig feucht halten; stets düngen
✿ **Radieschen** *Raphanus sativus* var. *sativus*	☼ ◑	März–Aug. Direktsaat	Mai–Sept.	im Sommer 3–4 Wochen nach Aussaat ernten; nicht düngen
Tomate *Lycopersicon lycopersicum*	☼	Ende April als Jungpflanze	Juli–Okt.	hoch wachsende Sorten aufbinden; gut düngen; evtl. ausgeizen
Zucchini *Cucurbita pepo*	☼	Ende April als Jungpflanze	ab Juli fortlaufend	Früchte max. 20 cm groß werden lassen; wöchentlich düngen

Kräuterlust

Name	Licht	Blütezeit Blütenfarbe	Wuchshöhe	Ansprüche, Besonderheiten
✿ **Bohnenkraut** *Satureja hortensis*	☼	Juli–Okt. weiß mit rosa Stich	bis 40 cm	ab Juni frisches Kraut zum Würzen; viel gießen; Winterschutz
✿ **Lavendel** *Lavandula angustifolia*	☼	Juni–Aug. violett, rosa, weiß	30–90 cm	Rosen sind ideale Partner; alle 2–3 Jahre Rückschnitt; winterfest
✿ **Oregano** *Origanum*-Arten	☼	Juli–Okt. weiß, rosa, purpur	bis 60 cm	frisches Würzgrün ab April; winterfeste Sorte: *Origanum* × *majoricum*
✿ **Pfefferminze** *Mentha*-Arten	◑	Aug.–Okt. weiß	bis 40 cm	frisches Grün ab April; bevorzugt feuchte, nährstoffreiche Böden
Rosmarin *Rosmarinus officinalis*	☼	Aug.–Sept. weiß, rosa, blau	bis 70 cm	ganzjährig frische Würze; Blüte mit hohem Zierwert; Winterschutz notwendig
✿ **Salbei** *Salvia officinalis*	☼ ◑	Juli–Aug. hellblau, rosaviolett	bis 70 cm	Echter Salbei; graugrün; wirkt läuseabwehrend; im Herbst zurückschneiden; ‘Icterina’ (goldgelb): Form des Ziersalbei
✿ **Schnittlauch** *Allium schoenoprasum*	☼	Juni–Aug. rosaviolett	bis 30 cm	zierende Blütenköpfe; mäßig beernten; nach erstem Frost auspflanzen, ins Haus holen
✿ **Thymian** *Thymus vulgaris*	☼	Aug.–Okt. weiß	bis 30 cm	toleriert Gießpausen; Zitronen-Thymian hat dekorative, grüngelbe Blätter

Arbeitskalender

Januar–April: Start in das Blütenjahr

JANUAR

- **Planen:** Kataloge wälzen, in Zeitschriften blättern – holen Sie sich neue Anregungen.
- **Einkaufen:** Frühe Sorten von Primeln gibt es bereits im Gartencenter.
- **Pflanzen:** Setzen Sie frühe Primeln etc. an geschützte Stellen, z. B. am Hauseingang.
- **Pflegen:** Pflanzen im Winterquartier auf Krankheiten untersuchen; zeitweilig den Raum gut durchlüften. Draußen den Frostschutz überprüfen und evtl. nachbessern.

FEBRUAR

- **Planen:** Etiketten von Pflanzen gesammelt? Machen Sie eine Skizze von Gestaltungsideen. Balkonblumen per Katalog bestellen.
- **Pflanzen:** Setzen Sie vorgezogene Zwiebelblüher, sofern Sie im Herbst keine gesteckt haben, gleich in den Kasten.
- **Pflegen:** Stutzen Sie zu lang gewordene Triebe der Sommerblüher im Winterquartier; dabei die Pflanzen am besten noch einmal auf Schädlinge untersuchen.

Mai–August: Zurücklehnen und genießen

MAI

- **Einkaufen:** Kälteempfindliche Balkonblumen und Gemüsepflanzen. Spät blühende Arten, die in ihrer Kulturzeit länger brauchen.
- **Pflegen:** Pflanzen, die sich nicht gut verzweigen, noch einmal zurechtstutzen, sodass sie buschig wachsen. Bei Mangelsymptomen an Blättern mit einem Balkonpflanzen-Dünger düngen. Das gilt besonders für alle Gemüse. Neuanpflanzungen regelmäßig wässern und düngen. Buchsbaum erstmals schneiden.

JUNI

- **Gestalten:** Blütenpflanzen in Weiß, Rosa und Vanillegelb und solche mit Duft sind für lange Balkonabende empfehlenswert.
- **Pflanzen:** Neue Pflanzen vor dem Einsetzen unbedingt gut tauchen.
- **Pflegen:** Bei großer, anhaltender Hitze die automatische Bewässerung ggf. mit kürzeren Gießintervallen einstellen. Kneifen Sie Verblühtes und Welkes heraus, das regt die Bildung neuer Seitentriebe und Blüten an.

September–Dezember: Altes wahren und Neues planen

SEPTEMBER

- **Gestalten:** Setzen Sie jetzt schon Blausterne, Narzissen und Tulpen zwischen die Stauden.
- **Pflanzen:** Da die Balkonblumen für die Herbstbepflanzung nicht stark wachsen, setzen Sie diese ruhig dicht an dicht.
- **Pflegen:** Tauschen Sie die Erde bei einer Neubepflanzung komplett aus. Verblühte Stauden zurückschneiden. Lang blühende Pflanzen gießen und schwach düngen.

OKTOBER

- **Gestalten:** Pflanzen Sie Stiefmütterchen und Veilchen zwischen Immergrüne.
- **Pflanzen:** Rosen, Stauden und Gehölze. Letzte Blumenzwiebelpflanzung. Pflanzen bis zum Einwachsen immer wieder gut wässern.
- **Pflegen:** Räumen Sie empfindliche Pflanzen so spät wie möglich, aber vor dem Frost, ins helle, kühle Winterquartier. Stauden mit Laubschicht abdecken, ggf. Gefäße schützen.

MÄRZ

- **Planen:** Reparieren, säubern und streichen Sie Ihre Balkonkästen und Blumenampeln für die bevorstehende Sommerbepflanzung.
- **Pflanzen:** Ranunkeln und Immergrüne pflanzen; bei Frost empfindliche Blüten mit Vlies abdecken. Ans Gießen denken.
- **Pflegen:** Gießanschlüsse und Schläuche wieder an ihre Verbindungen anschrauben. Prüfen Sie Halterungen und Haken sämtlicher Befestigungen. Werkzeug in Schuss bringen.

APRIL

- **Planen:** Einkaufszettel für die Sommerbepflanzung: Erde, Dünger und Balkonkästen mit Halterungen nicht vergessen!
- **Pflanzen:** Pflanzzeit für Kräuter, Gemüse und Sommerblumen. Hanging Baskets bepflanzen. Beim Bepflanzen Dränage und Vlies nicht vergessen. Angießen nach dem Einsetzen!
- **Pflegen:** Abgeblühte Frühlingszwiebeln im Kasten stehen lassen. Blätter erst schneiden, wenn diese gelb und ganz welk sind.

JULI

- **Einkaufen:** Im Gartencenter gibt es jetzt früh blühende Großstauden in 1,4- bis 2-Liter-Töpfen und Kräuter in riesiger Auswahl.
- **Pflegen:** Zu lange, kahle Triebe von Sommerblumen kräftig zurückschneiden – bis zum Herbst werden sie wieder schön kompakt. Bei anhaltender Hitze durchdringend wässern. Pflanzen, insbesondere Rosen, auf Pilzbefall kontrollieren; befallene Triebe ausschneiden, ggf. mit einem Fungizid spritzen.

AUGUST

- **Einkaufen:** Es gibt erste Pflanzen für die Herbstbepflanzung: Dahlien, Gräser, Heidekraut werden angeboten.
- **Pflegen:** Für bewurzelte Jungpflanzen 8 cm lange Stecklinge von Geranien oder Fuchsien schneiden. Buchsbaum ein letztes Mal in Form bringen; ein späterer Zeitpunkt lässt die Triebe nicht mehr bis zum Winter ausreifen. Weil die Mehltaugefahr wegen kühler Nächte wächst, frühmorgens gießen.

NOVEMBER

- **Gestalten:** Zierkohl, Bergenien oder Efeu haben wunderschöne Herbstfärbung. Fehlende Blütenfarbe können Sie durch attraktiv panaschiertes Laub, z. B. von Günsel, Houttuynia oder Gold-Segge ersetzen.
- **Pflegen:** Erfrorene Triebe abschneiden; sie würden nur Nährböden für Krankheiten bilden. Gießen Sie Pflanzen, die draußen stehen, an frostfreien Tagen.

DEZEMBER

- **Gestalten:** Ersetzen Sie Lücken nicht winterfester Pflanzen durch Materialien wie Moos, Tannenzapfen oder Eicheln.
- **Pflanzen:** An frostfreien Tagen lohnt es sich, Schneeheide zu pflanzen. Sie blüht noch bis April in Weiß, Rosa und Violett.
- **Pflegen:** Befreien Sie Pflanzen bei sehr starkem Schneefall von der Last. Legen Sie zum Schutz vor Frost Tonfüße unter Ihre Kästen.

Die **halbfett** gesetzten Seitenzahlen verweisen auf Abbildungen, U = Umschlagseite.

Wichtige Hinweise

➤ Einige der hier beschriebenen Pflanzen sind giftig oder hautreizend. Sie dürfen nicht verzehrt werden.

➤ Bewahren Sie Dünge- und Pflanzenschutzmittel für Kinder und Haustiere unerreichbar auf.

➤ Wenn Sie sich bei der Arbeit verletzen, sollten Sie umgehend einen Arzt aufsuchen. Eventuell ist eine Impfung gegen Tetanus erforderlich.

Bildnachweis

AS-Gartenbild/Stork: 7, 9, 10; FloraPress: 14, 15 li., 34 li., 35; Gardena: 37; GU/Jahreiß/Wunderlich: 8; Kientzler: 32, 47 re., 50 li., 50 re., 51 li.; L & M/Bock: 13, 38, 39, 41; L & M/Grün/Bock: 30, 31; Müller: 11, 34 re., 49 re.; Nickig: 51 mi.; Pforr: 46 re., 48 re., 64; PicturePress/Camerapress/Nunn: U4 re.; PicturePress/Flora/Borkowski: 26; PicturePress/Flora/Schiereck: 24; PicturePress/Flora/Sczcepaniak: U4 li., 15 re. o.; PicturePress/Luckner: 6 li.; Redeleit: 2/3, 12, 21, 28, 44 li., 46 li.; Reinhard: 44 re., 45 li., 45 mi., 45 re., 51 re.; Schneider/Will: U2/1, 4/5, 17, 42/43, 47 li., 47 mi., 49 li., 49 mi., U4 mi.; Strauß: U1, 6 re., 18, 20, 22, 23, 29, 33, 36, 40; GBA/Engelh.: 3, 48 li.; Weishäupl: 15 re. u.

Illustrationen: Janiček: 16, 19, 25, 27.

Fotos auf dem Umschlag und im Innenteil: Umschlagvorderseite: Petunien, Verbenen, Wandelröschen, Vanilleblume, Gelbes Gänseblümchen; Umschlag innen/S. 1: Petunien, Gauchheil, Husarenknöpfchen; S. 42/43: Geranien, Gazanien; S. 64: Fuchsie; Umschlagrückseite: Frühlingskasten mit Stiefmütterchen, Vergissmeinnicht, Tulpen und Ranunkeln (li.), Petunie, Gauchheil und Husarenknöpfchen (mi.), Geranien, Petunien und Fuchsien (re.).

Die Autorin

Wiebke Gajus ist gelernte Gartenbautechnikerin. Ihr Fachwissen basiert auf der Tätigkeit als Abteilungsleiterin eines Gartencenters sowie auf vielen durchgeführten Balkonbepflanzungen. Seit 2000 arbeitet sie im Living & More-Verlag als Redakteurin.

Impressum

Redaktion: Judith Starck
Lektorat: Eva Wagner
Layout: independent Medien-Design, München
Produktion: Bettina Häfele
Satz: Uhl + Massopust, Aalen
Reproduktion: Longo, Bozen
Druck und Bindung: Kaufmann, Lahr
Printed in Germany

ISBN: 3-7742-6772-3

Auflage	4	3	2	1
Jahr	2008	2007	2006	2005

GRÄFE UND UNZER

Ein Unternehmen der
GANSKE VERLAGSGRUPPE

Das Original mit Garantie

Ihre Meinung ist uns wichtig. Deshalb möchten wir Ihre Kritik, gerne aber auch Ihr Lob erfahren. Um als führender Ratgeberverlag für Sie noch besser zu werden. Darum: Schreiben Sie uns! Wir freuen uns auf Ihre Post und wünschen Ihnen viel Spaß mit Ihrem GU-Ratgeber.

Unsere Garantie: Sollte ein GU-Ratgeber einmal einen Fehler enthalten, schicken Sie uns das Buch mit einem kleinen Hinweis und der Quittung innerhalb von sechs Monaten nach dem Kauf zurück. Wir tauschen Ihnen den GU-Ratgeber gegen einen anderen zum gleichen oder ähnlichen Thema um.

GRÄFE UND UNZER VERLAG
Redaktion Haus & Garten
Postfach 86 03 25
81630 München
Fax 0 89/4 19 81-1 13
E-Mail:
leserservice@
graefe-und-unzer.de

GU PFLANZENRATGEBER

Wenig tun, viel genießen.

ISBN 3-7742-6111-3
64 Seiten
7,90 € [D]

ISBN 3-7742-3633-X
64 Seiten
7,90 € [D]

ISBN 3-7742-3622-4
64 Seiten
7,90 € [D]

ISBN 3-7742-6109-1
64 Seiten
7,90 € [D]

ISBN 3-7742-5439-7
64 Seiten
7,90 € [D]

Gärtnern schnell & einfach? Gar kein Problem! Verwandeln Sie Garten, Terrasse, Balkon und Haus im Handumdrehen in eine grüne Oase. Das 5-Stufen-Erfolgsprogramm zeigt, wie's geht.

WEITERE LIEFERBARE TITEL BEI GU:

➤ GU PFLANZENRATGEBER: **Blühender Garten, Guter Boden, Küchengarten, Pflanzen schneiden, Pflegeleichte Gärten, Rosen**

G|U

Willkommen im Leben.

So haben Sie Freude an Ihren Balkonkästen

1

GUT PLANEN

Überlegen Sie sich **vor dem Einkauf**, wie viele Kästen Sie bepflanzen möchten und wo diese stehen werden. **Skizzen** mit den richtigen Maßen und Ihren Pflanzenwünschen erleichtern die Kaufentscheidung. Fragen Sie auch nach krankheitsresistenten Sorten und verbesserten **Neuzüchtungen**.

4

ALLES DER REIHE NACH

Die »Kleiderordnung« sollte gerade bei der Bepflanzung **streng eingehalten** werden. Zu Beginn die Löcher für die Dränage bohren, Kiesel oder auch Blähton einfüllen, Mattenvlies drauflegen und dann die Erde einfüllen. Fehlen nur noch die **Pflanzen**. Diese nach dem Tauchbad einsetzen. Fertig!

7

AUSGEWOGEN DÜNGEN

Jeder Pflanze ihren Dünger. Die Auswahl an **pflanzenspezifischen** Präparaten, die Ihren Balkonblumen eine optimale Nährstoffversorgung sichern, ist immens. Holen Sie sich **Fachberatung** und beginnen Sie zeitig im Frühjahr mit der Düngung.

8

GROSSZÜGIG SEIN

Wer von Anfang an alles richtig machen möchte, verliert schnell die **Lust**. Tolerieren Sie auch einmal schlecht wachsende Pflanzen, ein paar Blattläuse oder wenige Blüten. Das wechselhafte Wetter schafft nicht selten wieder den natürlichen **Ausgleich**.